# 10年後、後悔しないための自分の道の選び方

Starting your beautiful life

ボブ・トビン 著
矢島麻里子 訳

Discover

# はじめに

## 慶應義塾大学で長年キャリア相談にのってきた私が日本の若者に伝えたいこと

私のところへは毎週のように、大学のかつての教え子や働き方に関する講演会で知り合った人たちから連絡がきます。仕事に関する相談事を中心に、たいていいくつかの悩みを抱えています。転職を考えていて意見を求める人、自分の選択が正しいか不安な人、大学院進学について相談したい人、中には、今の仕事がどれだけ充実しているか報告したいだけの人もいます。

なぜみんな私に連絡をよこすのでしょうか。20年以上勤めた慶應大学の講義で話したことが印象に残っているからだと思います。セミナーを聴いた人たちも同じでしょう。私は長年かけて、東京でキャリアの問題を相談するならこの人、という評判を築いてきました。

相談者とじかに会ったりメールを交わしたりするときは、聞き役に徹します。直接的なアドバイスをすることはめったにありません。その代わりに質問をたくさんして、仕事でどんな経験をしているのか、本当は何を望んでいるのか——つまり、何がきっかけで連絡をくれたのか、人生に求めるものは何か——を聞き出します。仕事は人生を支える大事な基盤の一つです。仕事に影響を与えているふだんの行動や対人関係についても尋ねます。

相談者が私に助けを求めているのですが、実際には私のほうがこうしたやりとりから多くを学んでいます。日本の働く若者が抱える問題、仕事で成功するために必要なこと、成功を妨げるような健康や生活の質の悪化を改善する方法など、学ぶことはさまざまです。

何年もかけて気づいたのは、社会人となったほとんどの人が、ある種の重要な疑問を抱え、ある種の重要なスキルを身につける必要があるということです。それは、学生時代には考えもしなかった疑問であり、学校で習ったものとはまったく違うスキルです。本書では、こうした疑問やスキルに焦点を当てます。

自分から積極的に知ろうとしたわけではありません。ただ助けになりたい一心でした。

私が社会に出たのはずいぶん前ですが、社会人になるにあたって、たくさんの恩師や指導者に助けられたことを覚えています。幸い、米国と日本の大学で教鞭をとり、数多くのグローバル企業のコンサルタントとして経験を積むなかで、若者のニーズや組織のニーズ、両者にとって満足のいく有意義な結果につながる決断は何かということに、強い関心を寄せてきました。そして、若者と話をすればするほど、学んだことをさらに共有できたのです。

社会人としての最初の数年を有意義に過ごしてほしい、そのためのさまざまな方法をお伝えしたい、そんな思いから本書を書きました。20代から30代のビジネスパーソンに向けた本です。同じような問題を抱えてきた人たちの経験をぜひヒントにしてください。

私は米国で10年、日本で25年以上にわたり大学教授、コンサルタント、著述家として、一貫して教育に携わってきました。ですから、ちょっとした工夫で、行動や思考を変えれば解決できるような問題やつらい状況に苦しんでいる人を見ると、いてもたってもいられなくなりますし、有意義でやりがいのある仕事ができた時の面白さを感じてもらえると、とても嬉しくなります。

コンサルタントとして、活性化が必要な企業を内側から数多く見てきましたが、そこにはパワーも情熱もなく、形だけの仕事をしている社員の姿がありました。

あなたの仕事を前向きなものにしてほしい、それが私の願いです。仕事人生を通して浮き沈みがないということではありません。浮き沈みは当然あります。

ですが、他人の失敗や成功、経験に学ぶことで、方向を誤ったり、数年を無駄に過ごしたりせずにすむはずです。

本書では、若者との対話や企業で働く人たちとの仕事を通して気づいたことを紹介します。それぞれの物語を参考にしてください。

私自身の経験やキャリアを通じて学んだことも書いていきます。私の数限りない失敗や、学んできたことの中に、あなたの役に立つものがきっとあるはずです。

なお、本書に登場する、私が話を聞いた人たちの名前は、ほとんどが仮名です。私に対して心を開き率直に語ってくれたので、実名を使うべきではないと判断しました。都市名などの識別情報も、個人や企業などを特定できないように変更しました。

私は大学院で人材・組織開発を専攻し、修士号と博士号を取得するためにキャリア開発の講義を数多くとりました。しかし、残念ながら、大学院は本当に知るべきことを学ぶためには役に立ちませんでした。

キャリア開発には十分詳しいと自負していましたが、仕事が軌道に乗り始めたのは、教科書に載っていないことを学んでからでした。人からキャリアの相談をされるようになったのも、そのころからです。

本書が、あなたの現在の仕事についてじっくり考え、仕事に欠かせない大事なスキルを身につけ、充実した働き方を手に入れるきっかけとなることを心から願っています。


ぜひ楽しみながら読んでください。

あなたのために書いた本なのですから。

ボブ・トビン

10年後、後悔しないための自分の道の選び方　もくじ

## Lesson 3
## 自信を身につけ、持ち続ける　64



## Lesson 4
## 行動を妨げる不安を克服する　86

## Lesson 5 学びは一生の財産 110

## Lesson 6
# ただなんとなくMBAをとってはならない 138



## Lesson 7
# 常に付加価値を発揮する方法 162

## Lesson 8
# 幸せでいることを最優先する　188



## Lesson 9
# 世界を広げる　210

# Lesson 1

## 充実した働き方を手に入れる方法

# 充実した働き方を手に入れる方法

「この仕事を始めて1年、別の場所で力を試す決心をしました。投資銀行を辞めます！　投資銀行？　今こそ自分に投資するときです。証券（securities）？　ワーク・ライフ・バランスと友達の確保（secure）のほうが大事です。債券（bonds）？　僕が気になるボンドは、ジェームズ・ボンドだけ！　マッチング取引？　それよりオンラインで自分にマッチする友達に出会いたいんです」

これは元教え子の中野リョウスケからもらったメールです。私はショックを受けました。銀行は自分の職業として最適ではないと彼は以前から言っていましたが、これほど早く辞めるとは思わなかったからです。

数週間後に会って話を聞いたところ、銀行はまだ辞めていないとのことでしたが、真剣に別の道を検討しているようでした。どの道に進むかはまだわからないものの、2、3年後にはもう銀行にいないつもりだと言います。

かつての教え子など私が知る多くの日本の若者がそうであるように、リョウスケは大学を出てすぐに仕事を始め、1年ほど過ぎてもなお、今の仕事が自分に合っているのか確信を持てずにいました。何か物足りないのです。本気で打ち込める仕事を早くやりたいとリョウスケは考えていました。

あなたにも身に覚えのある話かもしれません。一方で、選んだ仕事や会社に満足し、将来に向けて引き続きしっかりとした基盤づくりをしていきたいと考えている若者もたくさんいます。

大学を卒業してフルタイムで働くというのは、人生最大の転機の一つです。仕事をしていくなかでさまざまな疑問が生じるのは当然です。

「この仕事や会社は自分に合っているのか」

「仕事と生活のバランスをもっとうまくとるにはどうすればよいか」
「周りの人たちは自分が一緒に時間を過ごしたい相手だろうか」
「ここで成功できるのか」

そういった疑問は、おそらく誰もが抱くものでしょう。
そして、最大の難問は、「充実した働き方を手に入れるにはどうすればよいか」ということです。

社会人になりたての数年間は、これまで身を置いてきた環境とはガラッと異なる実社会に第一歩を踏み出す時期です。運がよければ、最初から自分に合った職場や仕事にめぐり合えるでしょう。

## 仕事に疑問を感じたら、自分の望みを掘り下げるチャンス

林カズヤは大学で社会学を専攻し、日本を出たことは一度もありませんでしたが、

英語を熱心に勉強して、ゆくゆくは海外勤務のできる仕事に就きたいと考えていました。ロンドンで働くことが夢だったので、クウェートは第一希望ではありませんでしたが、クウェートで事業を展開する日本の中小企業の人事スタッフとして現地に派遣されると、この国をすっかり気に入り、日本に一時帰国するたびに「ホームシック」にかかるほどでした。

異文化のなかで働き、海外で日本企業を代表して職務を果たし、多様な人々と出会う刺激的な毎日をカズヤは楽しんでいます。一時帰国して友人に現地での様子を語れることが嬉しくもあり、外国で仕事をする喜びを感じています。

一方、実際の仕事が、思い描いていた仕事とまったく違う場合もあるでしょう。ファッション業界での華やかなキャリアを夢見ていたのに、あこがれの「ランウェイ」とはかけ離れた経理の仕事を任されたとか、銀行の仕事といえばM&Aを手がけることだと思っていたのに、小口金融部門に配属された、など。

あなたが今の仕事に疑問を持っているなら、「おめでとう」の言葉を贈ります。

**自分に合った働き方に近づこうとしているからです。こうした疑問を怖がることはありません。自分自身や自分のやりたいことを知るためのプロセスです。むしろそんな疑問が生じたことを喜んでください。**

あなたは理想の働き方を見つけるために何をすべきか考えている最中なのです。キャリアの基盤づくりをしている確信を得たいからこそ悩むのです。

仕事を始めたとき、私にもたくさんの疑問がありました。そして、その答え探しに長い時間を費やしました。

「考えすぎるな、とにかく働け」と言う人もいましたが、それは私の流儀ではありませんでした。自分が何をしたいのかを考えずにはいられなかったのです。多くの人と話をしました。また、自分自身のこと、自分の行動やスキルについてじっくり考え、時間をかけてキャリアの選択肢を洗い出しました。

在学時の就職活動中は、何をやりたいのか十分に考える余裕がなかったかもしれませんが、今ならそれができるはずです。**自分自身の信念、スキル、希望について**

## じっくりと見つめ直してください。

私は大学卒業後まもなく、ボストンの小さなコンサルティング会社で働いたことがあります。当初は自分が足を踏み入れたのがどういうところかまるでわかっていませんでした。ただ、コンサルティングというかっこいい響きに惹かれただけです。オフィスの見た目や、とてもリラックスした雰囲気（に見えたこと）も気に入りました。

業務委託でこの会社のプロジェクトに関わったときの仕事ぶりをマネージングパートナーに気に入られ、フルタイムで働かないかと誘われました。いったん入社してみると、リラックスした雰囲気の裏で、全員が極度のプレッシャーを感じていることがわかりました。次から次へとやってくるプロジェクトの納期に追われながら、きわめて高い水準で仕事をこなし、パートナーや同僚、クライアントに認められなければならないというプレッシャーがあったのです。

私は教育研修プロジェクトのアナリストとして、自分の仕事を評価して認めてくれる同僚やクライアントにも恵まれ、心から楽しんで仕事をしていました。そして、1年足らずでプロジェクトの副責任者に昇格しました。

しかし、昇格や周りの好意的な評価にもかかわらず、それが本当に自分に合った仕事なのか、心の底で疑問を抱いていました。コンサルティングの仕事は友人に自慢できましたが、自分の能力では手に負えない状況に置かれていると感じていたのです。仕事を心から楽しめない状況でした。仕事を続けるなら、その状況を取り除くか減らす必要がありました。

自分は力不足だという不安が収まらなかった私は、ようやく腹を割って話せる友人を社外に見つけて、今の心境とその理由を打ち明けました。

「うちのコンサルティング会社はハーバードの出身者ばかりなんだ。みんなハーバードの学士号だとか、ハーバードロースクールやビジネススクールの修士号か博士号を持っていて、ハーバードの元教授というパートナーだって何人かいるんだ」

私は友人に言いました。

「僕はハーバードを出ていない。マサチューセッツ州立大学で学士号と修士号をとっただけだ。確かにいい学校だけど、ハーバードじゃない」

同僚と会話をするときに、つい引け目を感じてしまうことも打ち明けました。ただ、辞めようと思う一方で、実際に仕事はうまくいっていて、いまやプロジェクトチームを率いる立場です。一緒に働く仲間も好きでしたし、出張が多いところも気に入っていました。

その友人は私より年上で、ハーバードで歴史学の博士号を取得しています。この話をすれば、「それなら辞めればいい」と言うだろうと思っていました。

ところが、友人は笑ってこう言いました。

「もっと違った見方をしてみたらどうかな。引け目を感じる必要も理由もまったくないよ。ほかのやつらはハーバードを出たから就職できたんだろう。でも君は実力で採用されたんだから」

問題は仕事でも会社でもなく、私にあると彼は指摘したのです。

目からうろこが落ちました。友人の言葉で、私の考え方は180度変わりました。勝手に卑屈になって、自分の貢献を過小評価していたことに気づいたのです。これをきっかけに、自分の信念や行動を見つめ直しました。そしてようやく自信を持って仕事に行けるようになり、人生で本当に望んでいることは何か、それを手に入れるために何をすべきか、何を学ぶべきか、より深く考えるようになりました。

今振り返ると、人が仕事に疑問を抱くときは、仕事自体に限らず本人にも原因があると気づいたのはこのときが初めてだったかもしれません。

私の場合、それは「自信」でした。自分がしていることに、もっと自信を持つ必要があったのです。

仕事の基盤づくりには、仕事の内容や身につけるスキルだけでなく、自分自身に対する見方も関わってきます（「はじめに」で述べたように、自分自身や自分の望みと向き合うことによって湧き出てくる疑問に答える必要があります）。

長年かけて学んだことですが、将来の基盤づくりを確実にできる方法があります。それは社内の異動や転職の場合もありますし、さらに多いのは、新たなスキルや視点を身につけて、具体的な行動を起こすことです。

私がコンサルティングの世界に足を踏み入れたのは、ステータスに惹かれたせいもありますが、それが一番の理由ではありませんでした。そこで、本当に望んでいたことは何なのか掘り下げて考え始めました。

仕事で物を書き、出張に出かけ、分析をするのが好きでしたし、コンサルタントの収入やライフスタイルも気に入っていました。9時から5時の仕事ではなく残業も多いですが、スケジュールに融通が利き、タイムカードを押すことも毎日スーツを着ることも求められません。

しかし、もっと突き詰めて考えた末に、自分が携わる仕事で変化をもたらしたいのだと気づき始めました。組織の働き方を改善し、新しい教育プログラムを開発したい。

その一方で、誰も読むはずのない分厚い報告書作りに時間をとられたくはない。そう考えました。

別の会社で戦略のコンサルティングに携わる友人は、「報告書はいっさい書かない」と言います。彼の会社では、最高経営責任者（CEO）と経営陣が出席した会議で取り組みの成果と行動計画のプレゼンテーションを行い、そのうえでCEOも巻き込んで行動計画を実行するというのです。すばらしいやり方だと思いました。報告書なし、プレゼンのみ、インパクト大。「これこそ自分がやりたいコンサルティングだ」と心の中でつぶやき、その目標に向けて努力を始めました。

仕事はまだ辞めていませんでしたが、大学院進学への思いが強くなっていました。組織のもっと上の階層で仕事をしたいなら、さらに高い学歴が必要だと考えたからです。そこで、ボストン大学で組織開発研究の博士課程をスタートし、並行してマサチューセッツ大学ボストン校の非常勤講師として教え始めました。自分でも驚くほど教えることが好きだと気づいたのはそのときです。

学費を稼ぐのが目的でしたが、教職は非常にやりがいのある仕事でした。当時携わっていたコンサルティングと違い、教育の現場では反応がすぐに返ってきます。自分に教える素質があることも発見しました。教えることに情熱を燃やし、教え方にも工夫を凝らしました。

私はやりたい仕事に向かって舵《かじ》を切ることにしました。ついにコンサルティング会社を辞め、フルタイムで大学院に通いながら、いくつかの大学で非常勤講師をしつつ、フリーランスでコンサルティングを請け負うことにしたのです。博士課程を修了すると、ボストンを離れてカリフォルニアへ移り、とある大学で常勤講師をしながら、週1～2日大手米国企業のコンサルタントとして働きました。

コンサルティングと教職、そして今は執筆も加わりましたが、この組み合わせが、私の作り上げたキャリアです。これは、自分が携わることにより、相手に良い変化をもたらしたいという私のニーズにぴったり合っています。加えて、希望する収入とも、人の役に立ちたい、旅をしたいというニーズともマッチしています。近ごろは、常勤の教職に就いていたときよりも、コンサルティングと執筆の割合が増えています。

これが、「自分の望む働き方とは何か」という疑問に対して出した私自身の答えです。

## あなたの望む働き方を知る最良の方法

本書を読むことによって、「自分の望む働き方とは何か」という疑問に正しく答えられるようになります。ここが将来への基盤づくりの出発点です。

この疑問に答えられれば、自分がどうしたいのか立ち止まって考えない大勢の人たちに大きく差をつけることができます。仕事の可能性や自分の望むことについて考えないまま、ただやみくもに働き続ける人があまりにも多すぎますから。

すぐに答えが見つからなくても、心配はいりません。答えはやがて見つかります。ただし、この疑問から目をそらしてはなりません。

次にあげるのは、「仕事に何を求めるのか」という問いに対して、ある若者が返した答えです。あなたの答えに近いものがありますか？

「お金をたくさん稼ぎたい」
「人々の問題の解決を手助けしたい」
「スピード感のあるビジネスで活躍したい」
「ステータスの高い仕事に就きたい」
「優秀な人たちと働きたい」
「早く出世できる仕事に就きたい」
「やりがいのある仕事がしたい」
「世界を変えたい」
「好きなことを仕事にしたい」
「自分の会社を持ちたい」
「スーツは着たくない」
「スーツが着たい」
「幸せになりたい」
「フレキシブルなスケジュールで仕事がしたい」
「何であろうが、自分の仕事を楽しみたい」

「アイデアを生かして働きたい」
「若い人たちと働きたい」
「旅（出張）ができる仕事に就きたい」
「ものづくりがしたい」
「常に仕事から学び成長したい」
「いつも健康な体でいたい」
「語学力を生かしたい」
「友人と過ごす時間を確保したい」

さあ、あなたはどうですか？　あなたにとって一番大事なことを書き出してみてください。ほかにも浮かびましたか？

もし、自分が望む働き方がまだわからないなら、逆にあなたが望まないことを考えてください。そのほうが答えやすい場合もあります。

いくつか例をあげます。

「一日中オフィスにいたくない」
「毎日午前2時まで働くなんてごめんだ」
「大都市には住みたくない」

思いつきましたか？

あなたは自分自身のキャリアや人生に責任を負っています。日本では就職した若者の約3分の1が卒業から3年以内に仕事を変えています。

自分にもっと合った仕事に就くために転職をする必要は必ずしもありませんが、あなたの望むこと、あなたにとって大事なことは何か、しっかり考える必要があるのです。

## 理想の仕事を作るのはあなた自身

あなたにとって理想の仕事とは何か、考えたことがありますか？　収入、同僚、やりがいなど、どれをとっても自分の望み通りの理想の仕事とはどのようなものか、私は常々考えています。

理想の仕事があっても、そこへたどり着く方法を考えないまま就職先を探そうとすれば、たいていミスマッチが生じて、失望を味わうことになります。

そもそも、学校を卒業してすぐに理想の仕事が見つかると期待するのはまったく非現実的です。実際には、自分のやりたいことを把握するまでにしばらく時間がかかりますし、経験を重ねるにつれてやりたいことも変化します。

人生経験や実務経験を長年積み重ねたうえで、ようやく理想の仕事が見つかるのが普通です。

自分の頭の中で描いた理想の彫像を作り出すアーティストのように、あなたが自力で一から作り上げるもの、それが理想の仕事です。試行錯誤を繰り返しながら、あなたが望む働き方に近づいていくのです。

自分が将来どうなりたいかすでにわかっていて、その方向に進むのをあえて先延ばしにしたい人もいるでしょう。さまざまな理由があって、さしあたり現状に満足していて、変化を起こすのはまだ先でいいと考えている場合です。出張の多さや高収入、名声、学びの機会など、今の仕事にメリットを感じている人も同じです。ぴったり合っているとは言えないものの、今のところ問題はないというケースです。

かつて私はこうしたやり方を、お金など重要度が低いもののために理想を犠牲にする「身売り」のように考えていました。

でも今は、もっと長期的な見方をしています。あなたのキャリアはこれからまだ長く続き、優先事項も変化します。やりたいことがわかっていても、キャリアを重ねるうちに、優先事項の一部を先送りしようと思うかもしれません。

ただ、あなたがどういう世界に足を踏み入れようとしているのか、それだけは把握しておいてください。

投資銀行や商社、スタートアップ、コンサルティング会社でキャリアをスタートするなら、長時間労働を覚悟する必要があります。これればかりはどうすることもできません。組織が長時間働くことを期待するので、最初の数年間はワーク・ライフ・バランスの確保はほとんど不可能です。一方で、収入、学び、スキル、人脈といった、あなたが期待するものは十分に得られるでしょう。

私がボストンで勤務したもう一つのコンサルティング会社では、一日も休まずに連日14時間働くこともざらでした。「適者生存」がその仕事を表す言葉でした。しかしその会社で、私は20代半ばの若手アソシエイトとして、貴重な経験を積みました。数多くの企業を間近で見て、CEOと仕事をする機会もありました。プレッシャーの中で文章を書くことや納期を守ることを学び、すばらしい友人たちにも恵まれて、彼らとは今でも連絡を取り合っています。ずっとそこにいるわけではないとわかっていても、価値あるスキルを身につけていく喜びを感じていました。

職種によっては、昇進のため、ときには単にその仕事を続けるため、こうした過密スケジュールに耐えることが求められます。その職があなたにとってそれだけの価値があるかよく考えてください。大勢の志望者との競争を制して獲得することになる仕事なのですから。

こんなライフスタイルや仕事を長くは続けたくないが、メリットを得るために2～3年ならやってみてもいいと思うかもしれません。多くのことを我慢して、練習と準備に没頭するプロのアスリートに自分を見立てることもできます。

**すべてはあなた次第です。必ずしも厳しい働き方を選ぶ必要はありませんが、そこから得られる見返りを求めて、それを選択することもできるのです。**

自分が何を望んでいるのかを把握することは、充実した働き方を手に入れるために欠かせないステップです。このステップには、あなたがこれまで学んだことのないような、仕事を成功に導くスキルやアプローチも含まれています。

次章では、その一つ目として「決断」を取り上げ、決断を下すことがあなたの仕事や心身の健康にとっていかに重要かを説明します。

# Lesson 2

## 最悪の決断は
## 何も決めないこと

# 最悪の決断は何も決めないこと

米国の多くの子どもたちがするように、私も幼いころテレビ局に見学に行ったことがあります。土曜の朝の子ども向け番組の観客に混じって、ただ無邪気に笑いながらはしゃぎ回りました。将来自分がカメラの前に立つ日が来るとは思いもしないで。

初めてテレビ出演を果たしたのは、まだ20代のころです。当時携わっていたコンサルティングのプロジェクトに関する打ち合わせで、ABC系列の地方局を訪問したときのこと。プロデューサーと2人のキャスターに会って、ニュースでそのプロジェクトを特集してもらえるよう売り込むのが目的でした。話が終わった後、プロジェクトの特集は組めないと言われましたが、プロデューサーは別の話を持ちかけてきました。テレビ出演の打診です。

水曜の昼のニュース番組で、「幸せと健康」がテーマのコーナーに出てほしいと言うのです。当時の私は大学院生で、非常勤でコンサルタントの仕事をしていましたが、テレビに出演するなんて夢にも思っていませんでした。それでも、プロデューサーはぜひやってみてほしいと言います。スクリーンテストも何もなし。ただOKするだけです。おまけにたった3分間で100ドルもの大金がもらえるというではありませんか。

その日は火曜日で、翌日に出演してほしいという話でした。ふだんなら時間をかけて考えるところですが、考える時間も、怖がる時間もありません。「やります。大丈夫です」。自分でも驚いたことに、私はそう答えていました。

**あなたも与えられたチャンスを生かす準備をしておいてください。チャンスはめったにやってきません。考えすぎは禁物です。**

テレビ局を出て、家へ帰り、深夜までかかって話す内容を準備し、翌日テレビ局へ戻って放送に臨みました。テレビ特有の用語も仕組みもまったく知りませんでしたが、誰もそんなことは気にしていません。

テレビ局に着くと、受付係が手招きしてスタジオへ誘導してくれました。技術者の一人が私にマイクを付けて、座る位置と目線を指示します。「200秒ありますから」と言って、話の長さを測れるようストップウォッチを手渡します。話すうえでどんな視覚効果が必要かと聞かれても、何もかも初体験の私には見当もつきませんでした。

メイク係がやってきて私の髪をとかし、手早くメイクを施します。番組のキャスターの一人がタイミングを教えてあげるからと言って、カメラから見えないところで、指でカウントをとり始めました。

最初の放送が終わると、プロデューサーから、もう数週間レギュラー枠で出演してほしいと言われ、これを引き受けました。そうして、毎週2〜3分間、昼間の視聴者が興味を持ちそうな話題を取り上げて話をすることになったのです。

緊張はしましたが、正直なところ、聴衆の前で話をするより、カメラの前で話すほうが楽でした。これは私にとって難しい決断ではなかったのです。むしろ望んでいたことでした。ただ、「イエス（やります）」と言っただけです。もし断っていたら、あるいはランチのメニューをなかなか決められない人のように答えを出すのに手間取っていたら、このようなチャンスは二度とめぐってこなかったでしょう。

テレビ出演は、ふだんからやっている教職やコンサルティングの延長でした。オーディエンスの数は増えても、人生でやりたいこととぴったり合っていました。自分のやりたいことがわかっていたので、「イエス」と言うのは簡単でした。あなたも自分のやりたいことがわかっていて、必要なスキルと自信があれば、チャンスが訪れたときに「イエス」と答えられるはずです。

## できるだけ早く決断するクセをつける

優柔不断はストレスの元です。
物事をなかなか決められないと意志薄弱で無力に見られてしまいます。

社会人になりたてのころ、私にもたびたびそういうことがありました。オファーされた仕事を引き受けるかどうか決めるのに数カ月かかったこともあります。結局元の仕事にとどまることにしましたが、その間、私を必要としてくれた人たちを遠ざけ、抱えていた仕事にも身が入りませんでした。私が決断できなかったのは、多くの場合、不安が原因でした。

**何か決断を迫られたとき、できるだけ早く決断してください。選択肢があることを喜ぶのです。**

もちろん、心の準備ができるまで、あるいは選択肢をよく吟味し、周囲の人たちに相談するまでは、結論を急ぎたくないでしょう。ですが、決断の前後に悩みすぎてはいけません。

正しい決断ができているか気になるかもしれませんが、決断が正しいかどうかはすぐにわからないのが普通ですし、優柔不断でぐずぐずしていると、明瞭な思考が妨げられます。一方、あなたが望む働き方に近づく決断をすれば、ある種の喜びが生まれます。そして、決断してしまえば、前進できるのです。

## 働くことは、本当の自分に近づくチャンス

働くことの利点の一つは、本当の自分に近づくチャンスを得られることです。

大学生活が終わり、新しい仲間や友人とともに自己の確立に取りかかれます。新しいアイデンティティを獲得することも可能です。

卒業から数年後にばったり会った教え子の武田ユキヒロがその例です。「これからはシェン（Xen）と呼んでください」と言われ、「どういうこと？　ユキヒロじゃなくて？」と尋ね返すと、ユキヒロというのは日本名だと教えてくれました。これまでは日本で生活しやすいように日本名を使っていたものの、働き始めたことをきっかけに、本当の自分を隠すのはもうやめようと決心したと言います。

「僕は24歳。これまでは、ある意味日本人のふりをしてきました。いよいよ本当の自分を人に知ってもらうときが来たんです。自分じゃない誰かのふりをしているほ

ど人生は長くありませんから」

「僕のアクセントを聞いて不思議に思った人に、中国育ちの日本人か、帰国子女か、あるいは中国系アメリカ人かと、なぜ思われなければならないのでしょうか。なぜ、いちいち事情を説明して、相手にも面倒な思いをさせなければならないのでしょう。僕は中国人。日本で育ちました。以上。でも、それは僕一人ではありませんし、勤務先の日本企業がダイバーシティとグローバリゼーションに真剣に取り組めば、追い風が吹くのは間違いありません」

「僕の会社が中国市場進出を図るなか、中国人であることがまさに強みになります。中国人や中国文化に対する知識が真価を発揮します。生まれたときは日本名ではありませんでした。僕は日本人じゃない。日本名を名乗るとき、いつも自分を偽っているような気がしていました。それなのになぜ日本名を使い続けなければならないのでしょうか。なぜ僕自身でいてはいけないのでしょう」。

彼の言うことはもっともです。彼は決断し、それを貫く覚悟です。この決断は、彼にとっても会社にとってもプラスになるでしょう。

この決断を下すのに時間をかけていつまでも悩んでいたとしたら、彼は仕事に集中できなかったかもしれません。私は決断の背景を理解したうえで、彼をシェンと呼べることを嬉しく思いました。今までは、なかなか決断に踏み切れなかったでしょう。でもこれからは、前へ進めるのです。

シェンがSNSで他人の意見を求めなくて何よりでした。

人が何かを決めるときにSNSで相談しているのを見たことがありませんか。「休暇の行き先はどこがいいですか?」「仕事を辞めるべきですか?」「友人のパーティーに持参するシャンパンはどれがいいでしょうか?」など。一部の人には受け入れられる方法かもしれませんが、この種の決断は自分でするべきですし、相談するにしろ少数の親しい友人に限るべきです。

今何か決断に迷っていることがありますか？　転職を考えていますか？　休暇を

取りたいと思っていますか？　大学院進学を検討していますか？

決断は早ければ早いほどいいものです。まず複数の選択肢を洗い出し、プラス面とマイナス面、メリットとデメリットを比較検討し、ある時点でその選択肢を見返して、あなた自身で決断してください。

働いている人は、数字や一般的なルールにとらわれがちですが、数字では評価できない決断もあります。あなたの感情が意思決定に与える影響も意識しなければなりません。愛情が常に感情に左右されるのは知っての通りですが、仕事のとらえ方や意思決定のプロセスにも感情が影響します。交渉における感情の働きも無視できません。

最近の出版物の中で、ハーバードビジネススクールの上級講師アンドリュー・ワシンザックは、「感情は、人が情報をどう処理しているかを表現し、心が議論をどう受け止めているかを示す強力な信号を発することができる」と述べています。

ある判断が「理屈のうえでは」申し分なく思えても、感情が「ノー」と言った経験が、あなたにもありませんか？

先日、私が打診を受けたある会議の司会役も、まさにそれでした。報酬は抜群によかったものの、この会議は悪夢になりそうな予感がしました。グローバル市場で苦戦しているある日本企業の主催で、高名なスピーカーたちを味方につけることが、その会社の挽回策でした。私が務めるのは、その議論の司会役です。スピーカーが誰なのか、といった詳細をなぜか主催者は教えようとしませんでした。私にとっては大きな注目を浴びるチャンスでしたが、どうしても気が進まずきっぱりお断りしました。

感情に従った判断でしたが、とてもすがすがしい気分でした。感情が判断に影響を与えることを、あなたもぜひ理解してください。

## 優柔不断は多大な損害とリスクを招く

1980年代にカリフォルニアで暮らしていたとき、かの有名な経営学者ピーター・ドラッカーのところで働かないかと声をかけられました。仕事を辞めて世界的に有名なピーター・ドラッカーと一緒に働くと考えるだけで大変なストレスを感じた私は、当時の仕事に強い不満を持っていたにもかかわらず、そのチャンスに飛びつきませんでした。ドラッカーのチームに「しばらく考えさせてください」と回答したのです。

私は何カ月ものあいだ優柔不断に陥り、ドラッカーのチームに一度も連絡をしませんでした。声をかけたことを忘れてくれればと祈るばかりでした。どうすべきか思い悩むあいだ、このオファーが大きなストレスを生んでいました。

ドラッカーのチームにも迷惑をかけたに違いありません。いったいどう思われていたのか知る由もありませんが、彼らは当然私に興味を失い、その後二度と連絡はきませんでした。私は自分の弱さをさらけ出してしまったのです。

日本人は決断や「ノー」と言うことが苦手だとよく言われますが、実際にはどの国の人にとっても決断を下すこと、「ノー」と言うことは簡単ではありません。ですから、直接「ノー」と言う人はあまりいません。

いろいろな意味で、「イエス」と言うのはもっと難しいでしょう。本当に望んでいることに関しては特にそうです。そもそも決断を下すのは誰にとっても簡単ではありません。それでも、もしやりたいことがはっきりしていれば、「イエス」――または「ノー」――を言うことが容易になります。

あなたが最近、就職面接を受けていたとしたら、その場で「不採用です」とはまず言われないとわかるでしょう。代わりに、「ご縁があれば、連絡します」「ぜひまた応募してください」などと言われます。あなたが誰かをデートに誘ったとき、本当の返事が「ノー」でも、「このごろ忙しくて」と言われたはずです。あまりはっきりとものを言わない日本人は、特にその傾向にあります。

日本人は決断に時間がかかることもわかっています。その理由は主に、人にどう思われるだろうかという懸念や、合意をはかりたい、全員を巻き込みたいという気持ち、望んだ結果を得られないかもしれないという不安です。

友人のトッド・スティーブンズは、それとはまったく逆で、決断に迷うことがありません。

トッドはカリフォルニア出身の31歳。現在は日本に住んでいますが、数年前に初めて会ったときはワインを扱う会社で販促の仕事をしていました。その後、その仕事を辞め、ワイングラスの販売をする日本企業に転職しました。給料も若干上がり、新商品のプロモーションという仕事を楽しみにしていましたが、職場の環境が肌に合わずにすぐに辞めてしまいました。

その数カ月後、彼はクラフトビールの輸入販売会社「ビア・キャッツ」を日本で立ち上げました。

トッドは常にすばやく決断します。『ジャパンタイムズ』に掲載された彼の紹介記事の中で、トッドは、自身のモットーを「善は急げ」だと語っています。このアプローチを私生活でも実践し、彼は奥さんと出会いから7カ月でゴールインしました。

**こうした迅速な決断を下せるのは、なにより自分が望むことをわかっていて、自分の判断を信じているからです。**

決断力があるため、トッドはつきあっていてとても楽しい人物です。決して「私はどうすべきでしょうか？」と尋ねたりしません。

選択肢があることを喜んでください。今していることに不満があるなら、とり得る行動を洗い出して、その選択肢を検討しましょう。

多くの場合、あなたの行動を妨げているのは不安です。その不安によってあなたが払う代償に目を向けてください。不安については後の章で詳しく書きます。

## 決断というスキルがあなたの人生を底支えする

なぜ、私は「決断」を強く促すのでしょうか？

それは、生涯を通じて使える大事なスキルだからです。

決断に悩むのは若者だけではありません。私は日米の多くの大学で講演をしているので、40～50代の大学講師や教授からもよくメールをもらいます。本を書きたい、コンサルティングをやりたい、外国で仕事がしたいといった内容で、自分はどうすべきだろうかと相談されるのです。これに対する返事として、自分がとり得る行動と、それぞれのメリットとデメリットを書き出すよう、私は勧めます。検討に役立ついくつかの質問と、相談者がどのような行動をしたらよいかも提案します。

しかし、当の相談者から再び連絡がくることはめったにありません。「アドバイスがまずかったのだろうか」と気になって、数カ月後に、どうすることに決めたのか、やりたいことの進捗がどうなっているか確認を入れることもあります。

私が確認した相談者たちは、誰一人として現状を変えることはしていませんでした。やりたいと言っていたことに近づくような行動を何も起こしていなかったのです。それも決断のうちだと思うかもしれませんが、それは違います。実際には現状維持、つまり何もしていないも同然です。

北海道の大学で非常勤講師をしている男性は、管理職向けのコーチングをやりたいと何度かメールをくれていましたが、その後、結局今の大学の仕事にこれからも全力を注ぐ「決意」をしたと書いてきました（それは、当初の相談時、彼が「将来性がない」から辞めたいと言っていた仕事です）。

不安や、勇気と自信の欠如が、一歩を踏み出せない原因の場合もあります。これらについては、別の章でそれぞれ説明します。

私が今から決断を始めるよう強く促すのは、決断する癖をつけて、これから先もっと楽に決断できるようになってほしいからです。

『ハーバード・ビジネス・レビュー』の「意思決定をゆがめる心理的陥し穴」という記事では、人が決断を下す際の思考プロセスの弱点をあげています。

優柔不断が危険なのは、それが目に見えないからです。私たちの意思決定の方法は思考プロセスにしっかり組み込まれているため、いつも同じパターンに陥ってしまいます。研究によると、現状を維持するほうが楽なのです。前述の大学講師のケースはまさにこれです。

## 優柔不断を治すたった1つの方法

では、優柔不断を治すベストな方法は何でしょうか？

選択肢を検討したら、深く息を吸って、思い切って決めることです。決められずに落ち着かない状態が続くよりも、よい結果になると想像してみましょう。

まだ決断する準備ができていませんか？

ならば、タイムリミットを設定してください。「金曜日までに決断する」と口に出すのです。

いったん決断したら、後ろを振り返ってはなりません。決めたことを貫いてください。後悔は禁物です。もう一方の仕事を選べばよかった、などと思ってはいけません。かった、あちらのインターンシップにすればよかった、別の大学院に行けばよ

決められない悩みから解放された喜びを感じてください。今、目の前で新しい扉が開こうとしているのです。

## 自分のために、「ノー」と言える習慣を身につける

「ノー」と言うほうがよい場合もあります。

社会的義務や仕事上の義務、家庭での義務を背負うなか、「ノー」以上に解放感をもたらしてくれる言葉はほかにありません。

「人にノーと言うのは、自分にイエスと言うのと同じことだ」と、『どうしてそんなにイライラするの？―私たちを不機嫌にする10の「症状」とその対処法』の著者で経営コンサルタントのレスリー・チャールズは述べています。

チャールズによると、「ついイエスと言ってしまう人は、罪の意識を感じたり報復を恐れることなくノーと言える習慣を身につける努力が必要」です。

「ノー」は力と強さを兼ね備えた言葉です。「ノー」と言えずにいつまでも悩んでいる人は時間という資源がいかに大切かを認識しなければなりません。それには訓練も必要です。

判断を裏付けるデータをもっと活用することで、「イエス」や「ノー」と言うときの客観性を高めることができます。上司に「ノー」と言うのは簡単ではありませんが、もしそれが唯一の合理的な答えだというデータの裏付けがあれば、意思決定がしやすくなります。現在コンサルタントをしているかつての教え子は、データを活用すると、クライアントにポイントが伝わりやすいと言います。

上司に「ノー」と言うのは、現実にキャリアリスクとなる場合もあるでしょう。ですが、常に「イエス」と言っていたら、あなたの受信箱は新しいプロジェクトであふれかえり、自分の時間がなくなってしまいます。上司のところへ行き、今取り組んでいる案件と、新規プロジェクトを引き受けられない理由を説明しましょう。キャリアリスクではありますが、それによってあなたの健康が保たれ、場合によってはキャリアにプラスとなるかもしれません。私がクライアントであるエグゼクティブたちもその多くが「ノー」と言うことを学ぶ必要があります。彼らのスケジュールは、延々と続くミーティングと優先事項の対応でびっしりだからです。

将来への不安が減れば、決断がしやすくなります。当然、自分の決断がもたらす結果も気になるでしょう。しかし、取り越し苦労が過ぎると、日々心配事に悩まされ、今を楽しめなくなります。今日という一日に集中してください。

老後の不安を延々と語る40歳の裕福な管理職男性と話をすることほど、退屈なことはありません。まるで冗談のように聞こえるかもしれませんが、このような人はたくさんいます。

もっと今を生きましょう。そうすれば、今やっていることを楽しめますし、決断も楽になります。

## 将来の不安にさいなまれず、「今」に集中する

あなたの周りには夢を追いかけている人がどのくらいいますか？　ここで言うのは、理想の仕事ではなく、生涯をかけて目指す夢です。いつか夢をかなえるためにがんばるのは普通のことです。

将来夢を追いかけられるように、今は好きでもないことを一生懸命にやっているという人もよく見かけますが、自分が永遠に生きられると思っているのでしょうか？

前に述べたように、学びや経験を得るために、決断をあえて遅らせる時期もあると思いますが、あなたの人生はどうなるのでしょう。今、夢に向かって踏み出せば、人生がどれほど違ったものになるか考えてみてください。

夢に近づくと、人生は楽しくなります。

私の知人の野田彰吾は２０１４年に日本体育大学を卒業するとき、プロサッカー選手になる夢を持っていました。しかし、彰吾は、多額の契約金をもらってＪリーグでプレーするほどのスター選手ではありません。

彰吾は幼いころにサッカーを始めましたが、小学生のときにけがをして、やむなく中断しました。けがが治ると再開し、大学を卒業するまでずっとサッカーを続けてきました。

大学を卒業してもサッカーをやりたいと思っていましたが、Ｊリーグからも、Ｊ

2・J3といった下部リーグのチームからも声はかかりませんでした。それでも彰吾は夢をあきらめませんでした。夢をかなえる道はほかにもあると思ったからです。

大学在学中にスカウトが視察に訪れ、彰吾は日本フットボールリーグ（Jリーグとは別の組織）の審査とテストにパスしました。そして、横河武蔵野フットボールクラブからオファーを受ける幸運に恵まれたのです。

ただ、このオファーには、一つだけ欠けていたものがあります。給料です。チームに所属してプレーし、コーチが付いてスキルを伸ばす機会も得られます。試合にも出られますが、支払われるのは交通費と宿泊費のみです。

彰吾は一瞬もためらわずに、このオファーを受け入れました。

その後会ったときに彼はこう言いました。「少なくとも、身銭を切る必要はありませんから」。やりたいことを貫くためなら、多少の犠牲を払う覚悟でした。お金は問題ではありません。生計を立てるすべはほかに見つかると思ったからです。

彰吾は、私が通っていたフィットネスセンターの受付で働き、夜は所属チームと練習して、週末にはチームの一員としてプレーしました。家族や友人も試合の応援に駆けつけてくれました。大学時代の友人の多くは、教師やコーチ、消防士といった、体育大学の卒業生が多く選ぶ職業に就いたと言います。

「友人たちも同じような夢を持っていましたが、オファーがなかったり、一生続けられる仕事を見つけなければならないプレシャーもあって、夢をあきらめたんです」

私は彰吾に、あなたも考えそうな質問をしました。つまり、自分の選択や将来に不安はないか、Jリーグに行けなかった場合や今後も給料を払ってくれるスポンサーが見つからない場合はどうするのか、という質問です。

「なぜ心配しなきゃいけないんですか？　僕がこの道を選んだんです。本当は僕のような選択をしたい人も多いはずです」。彰吾はきっぱりと答えました。

今やっていること、学んでいることを楽しむ姿勢――目の前のことに集中していれば先のことを心配する余裕はありません。

この姿勢が決断をずいぶん楽にしています。彼は先のことを心配するのではなく、今を生きることを選んだのです。

充実したサッカー選手生活を2年間送ったあと、彰吾は決断しました。サッカーをやめ、現在は不動産会社で働いています。彰吾は言います。

「サッカーをやめたことに後悔はありません。不動産業はかなりタフな仕事ですが、楽しみながら働くことができていますよ」

念願だったサッカー選手としての生活をあきらめずにきちんとやりきったからこそ、悔いがないのでしょう。今に集中して生きるという考え方は、決断に役立つだけでなく、幸せももたらすのです。

## 「早すぎる」「若すぎる」——そんな常識は捨てなさい

「最初の仕事は2、3年は続けなさい」と言われたことが、あなたにもあると思います。

米国の経済誌『フォーブス』に掲載された記事によると、採用担当者や人事部長たちは、志望者が最初の仕事を短期間で辞めている場合、その志望者の意欲やスキル、仕事に対する意気込み、対人能力に疑問を持つことがあるそうです。実務経験を積むためにも、最初に就いた仕事は2、3年は続けるべきだとよく言われます。

一方、『フォーブス』の同じ記事は、早く出世したいと望み、遅々とした昇進プロセスに阻まれたくない若者にとっては、この常識が変わりつつあるとも指摘しています。記事は、主に北米の労働者を対象としていますが、私が話を聞いた日本の人材紹介会社のスタッフも、合わない仕事に就いてしまった場合、自分の役に立たないことに時間を費やすのは無意味だと指摘していました。

私のティーチングアシスタントだった梶谷恵翼《けいすけ》も、最初の仕事を半年経たずに辞めていますが、まったく後悔はしていません。熾烈な競争を勝ち抜いて、誰もが憧れるベンチャーキャピタルのアナリストになりましたが、自分の天職はほかにあると気づいたのです。

ベンチャーキャピタリストとして働いた短い間に、恵翼は100人以上の起業家に会いました。彼はこれまでに誰もやっていないことを成し遂げるために努力を惜しまない起業家の情熱に感銘を受けました。起業家たちの夢を追いかける姿勢にも惹かれました。この間、恵翼は世界中にネットワークと人脈を広げていきました。

あるとき韓国を訪れ、国内市場が小さい韓国のスタートアップの大半が、グローバル市場に乗り出す計画を持っていることを知ります。それまで一緒に仕事をした日本のスタートアップの中で、グローバル展開を目指しているところはほとんどありませんでした。恵翼は日本の起業家にグローバルな発想を浸透させるため、韓国企業10社を日本に招いて、国内のスタートアップとのネットワークづくりを手伝いました。

その韓国企業の一つが恵翼を大いに気に入って、日本進出の責任者として雇いたいと声をかけてきたのです。思いもよらないことでした。彼がいつかは起業したいと考えていると、親友がこう言って決断を促しました。

「最終的に何になりたいの？　起業家？　投資家？　ベンチャーキャピタルと起業家では、鍛える筋肉が全然違うよ。起業家になりたいなら、すぐに今の仕事を辞めるべきだよ」

恵翼はこのアドバイスに衝撃を受けました。「まだ早すぎる」「まだ若すぎる」「最初の仕事は最低2、3年は続けないと」といった意見ばかり聞いてきたからです。ですが、彼には自分が何をやりたいのかわかっていました。起業です。

恵翼はベンチャーキャピタルを辞め、その企業のスカウトに応じ、最も人気のあるカップル向けの携帯電話アプリ「Between（ビトウィーン）」を運営しました。そして、現在——。恵翼は念願だった「起業」の夢をかなえています。コミュニケーションアプリ「Between」の運営で、経営のノウハウを学んだ彼は、2年後、アメリカにおけるラーメンブームをチャンスととらえ、起業をはたしました。アメリカで、家庭で本格的なラーメンを楽しめる食材セットを通販する会社「KAESICO.」を共同設立したのです。

彼は自分のやりたいことがわかっていたのと同時に、自信も持っていました。「自信」については、次章でお話しします。

# Lesson 3

## 自信を身につけ、
## 持ち続ける

# 自信を身につけ、持ち続ける

1989年、私は米国政府のコンサルタントとして初めて日本に来ました。韓国、フィリピン、そして日本の米軍基地で、軍人や基地で働く民間人の転職を支援するのが仕事でした。この仕事は面白く、当初は1年だけの予定でしたが、もう1年延長したところで、この先も日本で生活し、米国の仕事には戻らない決心をしました。

友人からは次の仕事が見つかるまで今の仕事を辞めないほうがいいと言われましたが、耳を貸しませんでした。辞めると決意した時点で、日本企業向けの研修プログラムの話が数件あった以外、次の仕事のめどは立っていませんでした。

それでも、マーケティングの結果、私のスキルに需要があるとわかっていたので、東京で仕事を見つけられる自信がありました。そして、人が自信を身につける手助けをする仕事を見つけました。

約1年間、日本で多くの外国人がするように、英会話スクールと日本企業で英語を教えました。自信を持つことの大切さを深く理解できたのは、この仕事のおかげです。私が担当したどのクラスでも、生徒は「語彙の強化」が必要だと言いました。

でも私はそうは思いませんでした。私よりも語彙が豊富な生徒ばかりだったからです。必要なのは語彙ではないと思いました。クラスの大部分の生徒が口を開き発言することをためらっていました。失敗を恐れて黙ったまま、英語で自分を表現したがりません。生徒に必要だったのは、声を出して話す自信でした。「勇気を出して」と私は言い続けました。

なぜ生徒たちが英語を話すのをためらっていたのかはわかりません。ほかの教師に間違いを指摘されて恥ずかしい思いをしたのかもしれませんし、通じないことが心配だったのかもしれません。私は生徒全員の発言を促すようなやり方でやってみようと決めました。間違いをいちいち指摘せず、代わりに「話し始める」ことを促し、発言したときにはほめるようにしました。話している内容を理解していることを伝え、生徒を励ましました。

「英語が下手ですみません」「英語が話せません」と言うことは禁止しました。このフレーズが生徒自身に誤ったメッセージを送るからです。

その結果、年配の生徒数人（彼らは一度も発言しませんでした）が、数週間後にクラスを辞めてしまいました。彼らは語彙を強化するレッスンを期待し、これまでと同じやり方で英語を習いたかったようで、新しい用語や単語を自分の単語帳に加えようと筆記用具を持参してレッスンに参加していました。しかし、そうしたやり方が役に立たないことは、私には直感的にわかっていました。

## 自信にあふれる人とつきあい、働くべき理由

一方、若い人たちは、私の英語の教え方を楽しくて効果的だと評価してくれました。そして、今までで最高の英語教師だと言ってくれました。慶應大学で経営学の

科目を英語で教え始めたときも、英語を教えるための講義ではないと最初に明言したにもかかわらず、同じ感想を聞きました。自分がベストだと思うことをやっていく自信が持てたのは嬉しいことでした。さらに嬉しかったのは、私の励ましで生徒たちが自信を持てるようになったことです。私の自信が伝染したのです。

**自信は伝染します。**それを忘れないでください。自信は何をするにも重要です。ですから、**自信のある人や自信を与えてくれる人とつきあい、働くべきなのです。**

自信は、交渉やプレゼンテーション、就職面接、同僚との関係、あなたのキャリアやパートナーとの出会いなどさまざまな場面で効果を発揮します。

では、自信とは何でしょうか。

**自信とは、必ずうまくいくという感覚や信念です。**

自信は、あなたのものの見方、歩き方、話し方、成功への決意に表れます。「英語を話すのが苦手」を禁句にしたのは、自信をなくしてはならないという私から生徒たちへのメッセージでした。

あなたがもっと自信を発揮できる場面が思い浮かびますか？　あるいは、自信を持てない場面が思い浮かびますか？

自信をつけるにはどうすればよいかとよく聞かれます。

私はその問いに対して、**最も簡単な方法の一つは、あなたを励ましてくれる人と一緒にいることだと答えます。**

あなたの職場を思い浮かべてください。あなたの挑戦や成功を後押ししてくれる人がいますか？　あなたのやることを応援してくれる人を見つけてください。誰もがやることを応援してくれるわけではありません。見識のある、あなたが一目置く人を見つけてください。

自信は人生のあらゆる場面であなたの成功を支えます。自信がない様子を見せれば、それにつけ込んであなたの仕事を批判する人が現れます。**また不思議なことに、他人はあなたに自信があるかないかを〝嗅ぎ分ける〟ことができます。**

マインド・ツール（Mind Tools：mindtools.com）（注：キャリアスキルのオンライン学習サイト）は、次のように指摘しています。「私たちの人生のほとんどの場面で、自信はきわめて重要であるにもかかわらず、多くの人が自信を持てずに苦労しています。残念ながら、これでは悪循環を招きます。自信のない人ほど、成功するのが難しいからです。そもそもたいていの人が、自信なさげに口ごもる遠慮がちな人が進めるプロジェクトを支援したがりません」

マインド・ツールが指摘するように、日本人は礼儀のつもりでよく「すみません」と言いますが、話の最中に謝るのは、日本人以外の人には自信のなさと受けとられます。調子が上がらず自信が持てないときもあれば、人から自信を打ち砕かれるときもあります。**それでも、「きっとこの仕事をやり遂げられる、うまくいく」という思いを、何が何でも持ち続けてください。**

20年以上前に、大手商社のある部門で講演をする機会がありました。私が来日当初に行った重要な講演の一つです。その会社に到着すると、温かい歓迎を受けると思いきや、広報担当副社長からこう言われました。

「どうして、さほど有名じゃないあなたを招いたんでしょうね」

そのとげのある言い方に、私はショックを受け、返す言葉も見つかりませんでした。しかし私の講演や、任されたことをやり遂げたいという思いを、そんな一言に邪魔されるわけにはいきません。私は彼の言葉に奮い立ち、何としてもすばらしい講演をしてみせると決意を固めました。

講演は拍手喝采で幕を閉じました。副社長は何も言いませんでしたが、それはどうでもいいことでした。私が望んでいたのは、よい仕事をすることであり、彼を喜ばせることではありません。それに、有名でないことについて、私に何ができたでしょう？　一夜にして有名になるのは不可能です。彼にとっては、強く心に残るメッセージを伝える以上に、それが大事だったようですが。

## 「自信」は道を切りひらく最強のツール

自信があれば道は開かれ、自信がなければ道は閉ざされます。

上田コウジが大手戦略系コンサルティング会社から入社試験と面接の誘いをメールで受けとったのは、大学卒業からわずか数年後のことでした。そのメールは絶好のタイミングで送られてきました。彼は大手総合系コンサルティング会社で働いていましたが、その仕事に満足していませんでした。

この誘いを受けたことにコウジは驚きました。以前その会社に応募したものの、試験に受からず不採用となっていたからです。（教訓：いつでも次のチャンスがあることを忘れないでください——最初の試験や面接に失敗しても、関連する経験を積んだころに、同じ会社に再び応募するチャンスが訪れることもあります）。

コウジは今回の試験には合格し、一次面接に進みました。この会社の前途有望なキャリアがもうじき手に入るものと思っていましたが、それは大間違いでした。面接の最後に、面接官がこう言ったのです。

「あなたは、ご自分にあまり自信がないようですね。弊社は自信のある人を採用したいと考えています。成功に向けて邁進する、自信にあふれた人材が欲しいのです。

面接から判断すると、あなたは自信に欠けているようです」

身も蓋もない言い方でしたが、面接官は上位のエグゼクティブと仕事をするこの会社の社員に求められるものを熟知していました。面接官はコウジに、今の会社に戻り、そこでトップになるべく全力を尽くすように言いました。

それは貴重なアドバイスでしたが、どうすれば自信を持てるのか、コウジはまだわからずにいました。

しかし、今の会社でトップになれと面接官に言われたことをきっかけに、自分の方針を見直すことにしました。コウジはそれまで、グローバルなプロジェクトを手がけることを目指していましたが、海外経験がないために、うまくいっていませんでした。

面接に失敗した後、コウジは指名された国内のＩＴ関連プロジェクトを引き受ける決心をしました。まさに彼の専門分野です。以前にも同様のプロジェクトを成功させた経験があるので、やり遂げられる自信もありました。彼はこれらのプロジェクトを次々と成功させ、どんどん自信をつけていきました。

## 手っ取り早く自信を身につける方法とは？

この方法をあなたにも応用できるでしょうか？

得意分野で成功を収め、しっかりと基盤をつくってから、別の分野に進むこともできるのです。「一番得意なことに取り組め」というのは、自信をつけて成功するために有効なアドバイスです。

仕事で成功体験を積み重ねれば、自信がついてきます。でも、すぐに自信を身につけたい場合は？　もっと手っ取り早い方法を教えましょう。

自信があるかのように振る舞うことで、自信を身につけることができます。そう、「ふり」をするのです。

いいかげんで、おかしな言い方に聞こえるかもしれませんが、そもそも自信がないほうがおかしいのです。自信があるほうが本来のあなたに近いのです。なぜ自信が持てないのですか？　やりたいことだけではなく、あなたがこれまでの人生でどれだけのことを成し遂げてきたか、立ち止まってじっくり考えてください。

自信があると自分に言い聞かせ、自信があるふりをすることで、自信がついてきます。自分をもっと信じられるようになります。背筋を伸ばし、相手と目を合わせて、自分の言葉に確信を持ち、必ずうまくいくと信じることができます。このように内面と外面から自信を表すことで、さらに自信があるように見えてきます。そして、自信があるように見えれば、自分でも本当にそう信じられるようになります。

自信のある態度がどういうものかわかりますか？

それならば、ショッピングモールや駅、あるいはあなたの会社の受付で、人が行き交い、話をする様子をしばらく観察してください。人の歩き方や歩く速度、姿勢、話し方に注目してください。すぐに自信がある人とない人の区別がつくはずです。どうすべきかわかりましたか？　こうした観察は、自分の振る舞いを見直し、自信を身につけるのに役立ちます。

私は日頃から、自信のない人には、自信のあるふりをするように勧めています。自分でもときどき実践していますが、まずは、自信を身につけることに成功した一人のクライアントの事例を紹介します。

そのクライアントは日産自動車の役員で、日産の製造システムについて、米国でスピーチをすることが決まっていました。スピーチ原稿の執筆と、語彙と発音の指導が依頼内容でした。2カ月ほどかけて、原稿の書き直しや、話し方と発音の指導を行いました。英語教師としての過去の経験から、語彙の指導は必要ないとわかっていました。そこで、背筋を伸ばし、聴衆と目を合わせ、インパクトのある話し方をして、自信にあふれているように見せることに的を絞りました。部屋に入るときから自信にあふれた振る舞いをするようアドバイスし、会場への入り方と壇上への上がり方も練習しました。

クライアントは米国から戻ってくると、スピーチが好評だったこと、そして一番重要なことですが、自信を持ってスピーチできたことを報告してくれました。彼は「下手な英語」を詫びることも、語彙を心配することもありませんでした。自分は会社のストーリーを伝えることができると自信を持って壇上に上がったのです。

自信があるふりをして、身ぶりも自信たっぷりに見せれば、そのうち本当に自信がついてくるという思いがけない成果を私は発見しました。まずは、自信のあるふりから始めてください。そのうちにふりであるのを忘れ、本当に自信を持てるようになります。

先日、福岡のある大学でキャリアに関する講演をした際、自信のあるふりをするよう勧めると、学生たちから笑いが起きました。そんなのうまくいきっこないという学生たちに、私はこう返しました。「まあ、とにかくやってごらんなさい」

その1カ月後、一人の学生から感謝のメールが届きました。大学のスピーチコンテストで賞をとり、審査員から自信にあふれていたことが受賞の理由だと言われたそうです。スピーチの前は緊張したものの、自信がある自分を演じて、受賞者の一人に選ばれたのです。彼女は、自信のあるふりをするよう勧めた私に感謝し、受賞がきっかけでもっと自信が持てるようになったと知らせてくれました。

自信は移ろいやすいものです。今こそ自信を持たなければならないというときに、持てないこともあります。

そんなとき、私は一言「自信」と紙に書いてポケットに入れて持ち歩きます。この「自信」を身につけて、自信があるふりをすると、本当に自信が湧いてきます。

## 応援してくれる人を見つけよう

あなたを応援し、成功を願う人の存在も、あなたの自信を支えます。

一方で、あなたを軽んじ、あなたの能力を過小評価する人もいるでしょう。後者の人たちとは距離を置いてください。その人たちは、あなたよりも、自分たちの自信のなさや嫉妬をあらわにしているだけです。

慶應大学で教え始めたとき、数人の教授に「この仕事に就けて、君は運がいい」と言われました。これを聞いて驚きましたが、仕事を得たのは運の問題ではないとわかっていました。私にはこの仕事にふさわしい経歴があり、必要な面接もすべてクリアしてきたのです。

幸いこうした意見は教授陣の総意ではありませんでした。実際には、多数の教授が正反対のことを言いました。私はコミュニケーションとビジネスの両方に精通していたことから、教授陣に新しい価値と変化をもたらす存在と認識してもらえたのです。

別の学部のある教授から、この仕事に就けて君は運がいいと言われたときは、丁重にこう言い返しました。「私はそうは思いません。大学こそ私が加わって運がよかったのです」。その教授はこれを聞いて鼻で笑いましたが、それ以降は、前よりも敬意をもって私に接するようになりました。

**ときには攻撃してくる人を制止することも必要です。**

周りの人たちの評価や理解に支えられて、私は自信を深めていきました。自分が自分自身の最大の批評者になるのはよくあることです。他人のほうが、自分よりも自分のことを好意的にとらえているものです。

**ほめられたときは「ありがとう」と言って、素直に受けとりましょう。**「とんでもありません」「ご親切にどうも」などと謙遜しないでください。人からの好意的な反応にしっかりと意識を向けましょう。

一方で、人から受けたひどい扱いや心ない言葉に自信が揺らぐこともあるでしょう。でも、自信をなくす必要はありません。たいていの場合、その人たちの言うことは、あなたよりも彼ら自身のことを物語っているのです。

私は否定的なコメントに対しては、どういう意味か聞き返すことにしています。あるいは「そのご意見は参考になりません」「おっしゃることがわかりません」と言い返します。そうすると、相手はたいてい発言を撤回するか引き下がって、接し方を変えてきます。

とはいえ、言われたことを単に聞き流す場合もあります。アメリカ人として、私ははっきりものを言うこと、おかしいことはおかしいと言うことを学んできましたが、日本での暮らしが25年を超えた今、耳にしたことをただ聞き流すほうがよい場合もあると理解しています。

## 自分を大切にし、不当な扱いに甘んじない

慶應大学は外国人教員の数を増やしてきましたが、その中には「なぜあなただけ特別待遇で、自分たちより大事に扱われるのか」と聞いてくる人もいました。とっさに冗談めかして「年の功でしょう」と返したくなりましたが、それでは自分を卑下することになります。代わりに、思うことをその通りに答えました。

「大事に扱われることを求めているからです。あなたも同じようにすべきです」

私は自分が話をするときは、相手にちゃんと話を聞くことを求めました。教授会で意見を述べているときに、おしゃべりをしている人がいたら、その人たちが耳を

傾けるまで話を中断しました。怒るのではなく、「ちゃんと聞いてください」という無言の合図を送ったのです。

自信と周りの人たちの支援がなければ、そんなことはできなかったと思います。もちろん、すぐにできるようになったわけではありません、自信のあるふりをしたこと、そして、私がもたらしている価値を同僚が教えてくれたことが支えになりました。

あなたも同じです。

自分を大切にしてください。決して不当な扱いに甘んじてはなりません。

学校を卒業したばかりで、仕事を覚えている最中かもしれませんが、あなたは理由があって採用されたのであり、それは雇用主があなたとあなたのスキルを高く評価したからです。

日本の職場では、ときには少しふざけた言動も見られます。「サトコさん」ではなく「サトコちゃん」と「ちゃん」付けで呼んだりするのも、その一例です。ほとんどは当たり障りのない発言として受け入れることができるでしょう。しかし、傷つけられたときや、きわめて個人的な質問をされたときは、その発言や質問が不適切だと相手に知らせてください。

## 「自信」は、あなたの中にある

ハーバードビジネススクールのエイミー・カディ教授のTEDトークをごらんになった方もいるかもしれません。彼女は就職活動におけるボディランゲージと自信の重要性について語っています。(https://www.ted.com/talks/amy_cuddy_your_body_language_shapes_who_you_are?language=ja)

ラスベガスでザッポス（注：米国の靴・衣料のオンライン小売会社）の社員1500人を前に講演を行い、人と会う前に2分間「自分の体を大きく見せる」ポーズをとるだけで、脳に変化を起こして、勇気を出し、不安を減らし、リーダーシップを目覚めさせることができると説きました。

「背筋を伸ばしてください」と彼女は聴衆に語りかけます。「研究所で実証済みです。効果抜群ですよ」。講演後のロビーでは、ザッポスの青いTシャツを着た男女のグループが、みんなヒトデのように体を大きく広げたり、ワンダーウーマンのように（両手を腰に当て、両足を開いて）仁王立ちをして、その効果を試していました。

カディ教授はラスベガスのダウンタウンにある若者のシェルターにも足を運び、米国の人気トークショーの司会者オプラ・ウィンフリー、クイーンのボーカリスト故フレディ・マーキュリー、陸上のスター選手ウサイン・ボルトが体を大きく広げている写真を見せました。彼らは何も隠さず、堂々と自分を表現しています。「あなたが力強く価値のある人間であることを、体であなた自身に知らせるのです。そうすれば、もっと積極的な、熱意に満ちた、ありのままのあなたになれます」。彼女は粗末な長椅子に座って聞いている若者たちに語りかけました。「もう一度、手足を広げ、背筋を伸ばし、胸を張ってください」。すると、ボードショーツをはき、片腕にギブスをはめた男性が、キングコングのように自分の胸をたたきました。

彼女が「ありのままのあなた」と言っていることに注目してください。

自信はあなたの中にあります。ただ隠れているだけなのです。

ぜひ試してみてください。必ず効果があります。

次は不安も克服しなければなりません。「不安」については、次章で説明します。

# Lesson 4

# 行動を妨げる不安を克服する

# 行動を妨げる不安を克服する

成功するために自信が必要だということはわかりました。しかし、私は相変わらず多くの不安を抱えていました。その不安を克服するためには、勇気が必要でした。そして、自信が勇気を養うのに役立ちました。すばらしい人たちに囲まれていたことにも助けられましたが、いろいろな意味で自分を一番支えていたのは夢でした。私には優れた教授、そして優れたコンサルタントになるという夢がありました。そのためには、はっきりとものを言い、自分の考えを世界に発信し、講演をするときに緊張も不安も感じないすべを身につけなければならないと理解していました。

講演をするときや不安を感じる行動を起こすときは、紙に「自信」だけでなく「勇気」と書いて、ポケットに入れて持ち歩く習慣がつきました。夢を実現するためには、はっきりとものを言う勇気を持たなければならないと思ったからです。今でも紙に「勇気」と書いて持ち歩くときがあります。

昨年私は50回以上講演をしましたが、ポケットに入れた少しばかり余分な勇気がどれだけ役に立ったかわかりません。

私は若い人とキャリアについて話すときに、必ず勇気の話をします。なぜだと思いますか？　あなたが望むキャリアや人生を築くために、勇気が欠かせないからです。

**私は勇気を「不安でも行動を起こすこと」と定義しています。**

短期的に多少の犠牲を払っても、自分の価値観に従って行動を起こすということです。著述家のスーザン・ジェファーズが世界的ベストセラーとなった著書『とにかくやってみよう』で提唱しているのは、よく知られている通りです。

**勇気があれば、あなたの望む人生やキャリアが手に入ります。**必要な勇気は、自分らしくある勇気、はっきりものを言う勇気、人と少し（あるいは大きく）違うことをする勇気など、さまざまです。

### 勇気はキャリアプランニングのあらゆる場面に関わってきます。

私が勇気について語り、理解している理由は、これまでに幾度となく勇気を持てない経験をしてきたからです。わかりやすい例は、はっきりものを言えなかったことです。

学生時代の私は授業で発言することや答えを間違うことを恐れていました。授業での発表も極度に恐れていました――つまり、人前で話すのが怖くてしかたがなかったのです。発表やプレゼンテーションができない言い訳をたびたびこしらえました。発表を回避するために、授業を抜け出したり学校を休んだりもしました。こうした恐れや勇気のなさは、大学院までずっと続きました。

今では講演料が収入のかなりの部分を占める私がこの話をすると、信じてくれない人もいますが、本当の話です。こんな私が教授として学生に対しても、プレゼンテーションとスピーチのスキルを身につけるよう強く言い続けたのです。

今はもう、ふだんの講演では緊張しなくなりました。しかし先日、経済誌『エコノミスト』の招きでキャリア開発の講演を行った際、会場に入った途端、よく知っている会社の社長やコンサルタントが勢ぞろいしているのが目に入り、すぐに会場を出てロビーへ行き、紙に「勇気」と書いてポケットに入れました。

講演や不安に思うことをする前に、「不安」と紙に書いてゴミ箱に捨てる習慣もあります。ちなみに『エコノミスト』の講演の際も、「不安」をゴミ箱に捨てました。

## なぜ不安を感じるのか？　理由がわかれば不安は消える

あなたが不安に思うことが何であれ、勇気を養い、不安を追い払うこのおまじないが役に立つかもしれません。私は大事なクライアントとの打ち合わせがあるときにも、この方法を使ってきました。

しかし、ある段階で、あなたの不安がどこから来ているのか、なぜ勇気が持てないのかを解明しなければなりません。不安の元を突き止め、子ども時代や場合によっては過去のトラウマを振り返る必要があります。

行きづまりを感じて行動を起こしたいのに起こせない人たちに、私は次のような質問をしています。

- 何を不安に感じているのですか？
- 起こり得る最悪の出来事は何ですか？
- 起こり得る最高の出来事は何ですか？
- その不安はいつから始まりましたか？
- 不安の原因は何だと思いますか？

私自身何年もかけて自問自答し、自分の不安がどこから来ているのか突き止めようとしました。

私は人から見られることを極端に恐れていました。私の場合、見られることは、子どものころに受けたような嘲笑の的になることを意味していました。個人的なことですが、人に自分がゲイであると気づかれることも恐れていました。それを隠すほうが都合がよかったからです。

しかし、自信がつくにつれて、ありのままの自分を人に見せることに抵抗を感じなくなりました。

不安の元を突き止めても、勇気は自然には湧いてきませんでしたが、勇気を持てない理由が明確になるにつれて、少しずつ勇気が養われ、不安にうまく対処できるようになりました。

私の場合、何か不安を感じても、大げさにとらえすぎているだけだ、たいしたことはないと認識するのが対処法でした。私はもう誰からも嘲笑されません。多くの人に慕われ、称賛してくれる人もたくさんいます。ゲイに対する社会の意識も変わり、ゲイであることを公表する著名人も増えるなか、私も自分のセクシュアリティに楽に向き合えるようになりました。

また、自分には勇気がある――ただ、今は不安が勝っているだけ――と思えるようになりました。

不安から生まれるどんな状況にも対処できると意識することで、不安はやがて小さくなりました。不安がどれほど行動を妨げるか私にはよくわかります。そして、多くの人が同じであることも知っています。

誰もが不安を抱えています。怖いものなどないと言う人も同じです。毎日不安がぶり返すこともあります。新しいことや難しいことに挑戦するときは、特に。不安の正体を突き止めたとしても、不安を永久に消し去ることはできません。

不安を受け入れるすべを身につける必要はありますが、のみ込まれてはいけません。不安が消えることはない――だからこそ、不安を小さくして、影響を減らすよう心がけることが大事なのです。不安と友達になる努力をしてください。

私はときどき、「不安」と握手しているイラストを描くことがあります。描くことで、いっそ友達になろうと自分に言い聞かせるのです。不安なことを書き出すこともあります。そうすると、不安と少し距離を置くことができます。

「不安をたたきのめそう」「自分の人生から追い出そう」と言う講演家やコンサルタントもいますが、私は賛成できません。不安はあなたの一部です。不安に助けられた経験だってあるはずです。

## 不安をひとつずつ分析してつぶし、小さな一歩を踏み出す

浅川テツも、不安で行動を起こせなかった一人です。彼は自分の会社をつくりたいと考えていました。報道でもよく目にする大手ＩＴ企業に６年間勤務していた彼は、友人や同僚からスタートアップベンチャーへの誘いを数多く受けていました。

私たちが出会ったとき、テツは30歳そこそこでしたが、すでに年収は１０００万円を超えていました。もう一つ付け加えると、彼は非常に倹約家で、貯蓄もかなりありました。

本当は独立して何かを始めるか、友人と会社を起こしたいのだとテツは言いました。でも、彼は怖がっていました。「僕は勇気がないんです」。率直に打ち明けられ、私たちはさらにつっこんだ話をしました。

起業すれば収入の減少は避けられないとわかっています。ですが、テツを新しい

道へと駆り立てていたのはお金ではありませんでした。スタートアップがもたらす大きなリターンを求めていたわけではありません。

一番求めていたのは、情熱を燃やせるものです。「君はきっと大金持ちになれるよ」と人に言われても、テツにはまったく意味のないことでした。お金はもう十分にあったからです。

しかし、皮肉なことに、テツが一番心配していたのは、一人であるいは誰かと一緒に起業した結果、一文無しになって路頭に迷うのではないかということでした。そして、何より避けたいのは、比較的安定した仕事を辞めることで結婚できなくなってしまうことでした。「一流の女性は収入の安定した男を選ぶから」だと彼は言います。

ん？　もしかして、彼の不安の根源は現実に起きたことにあり、不安はそこから生じているのではないだろうか？　私は深呼吸をしました。テツに勇気を持たせるためには、やらなければならないことが山のようにあるとわかったからです。

私はまず、テツが自分の不安を把握し、その発端がどこにあるのか、現実に起きたことに原因があるのかを突き止める手助けをして、彼が望めば、起業に向けた次のステップを支援する、というコンサルティング方法をとることにしました。

テツと私は数週間にわたって話をしました。そして、不安を一つひとつていねいに分析していきました。彼がホームレスや一文無しになることは、まず考えられませんでした（これは、次の一歩を踏み出すときに、大富豪でさえも感じるありがちな不安です）。

彼には十分な貯蓄があるうえ、ベンチャーキャピタルの資金を獲得できる可能性がきわめて高く、そうなれば自己資金を使う必要はないからです。

スタートアップのエグジット（出口）までに取り崩してもよい貯蓄額の上限を設定するよう、私は提案しました。また、スタートアップベンチャーでうまくいかなければ、これまで勤務したいずれかの会社にいつでも戻ればいいと諭しました。かつて日本の会社は一度辞めた人間を再び雇おうとはせず、起業した後に大企業で働くのは不可能でしたが、それも今は変わりつつあります。
結婚相手が見つからないことについては、今までの会社で働いていたときにそんなに頻繁にデートできていたのかと尋ねました。「忙しすぎて、ほとんどしなかったんです」とテツは答えます。「それなら、何も変わらないんじゃない？」二人とも笑い出しました。

自分で会社を経営し、今までのように有名企業の社員でなくなると、女性にそっぽを向かれるのではないかとテツは心配していました。私は彼に、すでに結婚していたり、交際相手がいるスタートアップ勤務の私の元教え子と話をするよう提案しました。そして、スタートアップで働いて充実した毎日を送れば、彼のパワーとエネルギーに強く惹かれる女性がたくさん現れるはずだと説きました。

さらに深く話をしてみると、安定した職にとどまることを何より望んでいるのは家族だと打ち明けてくれました。テツには叔父がいて、何度も会社を起こそうとしたり、零細企業の経営に首をつっこんではつぶしていたそうです。その叔父は50歳を超えた今でも独身で、テツの両親にたびたび借金をしていると言います。

こんな家庭環境であれば、スタートアップでの仕事に二の足を踏むのも無理はありません。私は彼にはっきりと言いました。「テツ、君は叔父さんじゃない。君を取り巻く状況も、背景も、時代も、何から何までまったく違う」

テツが方向転換をしやすいように、まず**「小さな一歩を踏み出す」**ことを勧めました。「週末にスタートアップを手伝いに行けばいい。そこが気に入るか、そこで働く人たちや仕事が好きになれるか確かめるんだ。彼らの日常がどんなものか見てみよう」。テツが勇気を出し、不安に対処できるよう後押しするためでした。未知のものには誰でも不安を覚えます。スタートアップの日常を見れば、不安が減り、その生活が肌に合っているか確かめられると考えたのです。

この文章を書いている今、テツはフルタイムの仕事を続けながら、週末はスタートアップを手伝っています。方向転換をするつもりだと彼は言います。今はスタートアップのミーティングやプレゼンテーションに出かけて、大勢の起業家と会う日々を過ごしています。その多くが、テッと同じ問題に対処してきた人たちです。

彼はスタートアップの新しい友人たちと率直に腹を割って話をしています。起業に舵を切って今の仕事を辞める決意は固めましたが、いつ行動に移すかはまだ決めかねているそうです。

テッは今も勇気を養っている最中ですが、情熱は戻ってきています。非常に忙しいにもかかわらず、デートの回数も増えたようです。先日は、「スタートアップに携わる有能でパワフルな女性との出会いがたくさんある」とメールに書いてありました。よい知らせを聞いて私も嬉しくなりました。行動を起こす最適な時期を彼はそのうち見つけるでしょう。

## ものを言う勇気、行動を起こす勇気

あなたが望むキャリアを手に入れるため、有意義なことを成し遂げるため、はっきりものを言ってその他大勢から抜け出すために、勇気は絶対に欠かせません。とはいえ、横並び意識がきわめて強い日本では、これが簡単でないことはわかります。

人の行動を妨げる日本文化の特徴もいくつかあります。日本では、周囲の期待に応えることに強い関心が払われます。ほかの国の若者なら「人がどう思おうが、関係ない」と言ってのけるでしょう。でも、こうした声は日本の若者からは聞かれません。

私は本業のかたわら経営するアートギャラリーで一緒に仕事をするアーティストたちから、勇気について多くを学びました。彼らはアーティストになることで、多くは社会的期待に逆らい、快適な環境から外へ踏み出す覚悟を示しています。アーティストは自らのアートを追求し、作品を生み出し続ける夢を持っています。絵や彫刻、デッサンなど、彼らの創作を何ものも邪魔できません。

西井佑助は、私が一緒に仕事をしたアーティストの一人で、木や鉄から人型の作品を生み出す彫刻家です。彼にはイタリアの彫刻をもっと学びたいという思いがありました。イタリア語も英語も話せず、海外経験もありませんでしたが、そんなことは気にも留めず、職人の技法を1年間じっくり学ぶために、彼はイタリアへと旅立ちました。

イタリアの後、佑助はさらに7カ国を訪れ、ユースホステルに滞在しながら、美術館やアーティストのアトリエをめぐりました。現地の言葉は話せませんでしたが、代わりに自分の強みを存分に生かし、コミュニケーションが必要なときにはデッサンのスキルを駆使しました。言いたいことを絵で描くだけでしたが、これが実に役に立ちました。

## 最適なタイミングを見計らって、勇気を出して意見を言う

夢について人と話をすると、夢は今実現できるものではないと言います。夢が実現するのはまだ先のことで、今ではない、と。やりたいことに近づくには勇気が必要です。いやなことから遠ざかるときも同じです。

今の状況を抜け出そう、意見を言おうと思っても、不安に負けて行動できないことがあります。**実は、価値観に合わないことを要求されるほうが、むしろ現状から抜け出しやすくなるのです。**

日本の大手法律事務所で講演をした後、若手アソシエイトの一人から、私の言うことは理解できるが、「本当に勇気を見せたら、間違いなくクビになる」と言われました。確かにそうかもしれません。

彼は自分が望まないクライアントと仕事をしていました。たばこ会社です。彼自身がたばこ関連の事業を担当していたわけではありませんが、がんを引き起こし、人を死に至らしめるビジネスにクライアントが携わっていること自体がいやだったのです。

講演中、その法律事務所の人たちに、不安をゴミ箱に放り込めば勇気を奮い立たせることができる、という話をしました。私がそう言うと、数人のシニアパートナーから笑いが漏れました。本当に勇気を出したらどうなるかわかっているからです。

そんなことをすれば、クライアントも収入も失うと考えたのです。

講演後に私のところへやってきた若手アソシエイトは、そのたばこ会社の担当を外してもらうよう申し出たいと本気で考えているが、自分のキャリアへの影響が心配だと言います。そう申し出れば、将来のチャンスを棒に振り、パートナーになれないのではないかと心配しているのです。

彼の言う通りかもしれません。はっきり意見を言うことで、トラブルメーカーだとか、会社の使命に背く人物というレッテルを貼られる場合もあります。

日本では、日中ははっきりものを言わず、飲み会になると本音を言う、というのはよくあることです。仕事帰りに2、3杯飲んで意見を言うのはかまいません。ですが、飲み会の席でものを言うときは気をつけてください。まずいことを口走って僻地の小さな支店に飛ばされる人をときどき見かけます。

## 「空気を読み」、会社をよく知り、意見を言う最適なタイミングと場所を見極める

**必要があります。**

日本人の多くは空気を読むことに長けています。その場の状況と話の行間を読まなければなりません。

## それは誰の人生ですか？――生き方を変える勇気

自分のキャリアに満足していないという声を若者から聞きますが、その多くは勇気の欠如が原因です。

はっきりものを言うことを恐れ、自分の発言がもたらす結果に向き合おうとしないせいかもしれません。家族が望む仕事を選んだのかもしれません。あるいは、評判のよい会社を選んで就職したものの、その実態はまるで違っていたのかもしれません。実態が評判よりもはるかにひどかったとも考えられます。

現状から抜け出したいと思う原因は、必ずしも勇気の欠如ばかりではありません。たとえば、セクハラを受けるような状況は断じて許容してはなりません。悪い状況からはむしろ抜け出しやすいものですが、劣悪な職場環境から抜け出すにも、勇気が必要です。

上司に文句を言え、明日にも辞表を叩きつけろ、と勧めているわけではありません。自分の状況をよく見て、ちょっとした勇気で変えられることはないか考えてほしいのです。

職場、家庭を問わず、率直に話ができないような状況なら、その代償に目を向けて、現状に甘んじる価値があるか検討してください。

福祉行政機関で出会った若い女性は、就職活動中に2020年の東京オリンピックに関わる仕事を希望し、ある経済団体からオリンピックの企画チームの一員として働く仕事の内定をもらっていました。しかし、両親とボーイフレンドを喜ばせたい一心で、今の行政機関に就職する道を選び、そのことを今も後悔していました。

「いったい誰の人生ですか?」そう尋ねると、彼女は泣き出しました。「私の人生です」。当然の答えです。「でも、両親や将来の結婚相手をがっかりさせたくなかったんです」

この考え方も、家族を喜ばせることの大切さも理解できます。しかし、別の道を選んでいたらと、彼女はずっと思い悩んでいました。

以前の章で決断について書きました。**いったん決断したら、後ろを振り返ってはなりません。**選択や決断をした後で、あのときああしていればとよくよく考えても問題が複雑になるばかりです。

**あなたが決めたのですから、今やっていることを楽しんでください。**

もう一つ、キャリアの早い段階で勇気を養い発揮する大きな利点があります。**いざというときに生き方を変えられるというのは、キャリアを通して役に立つ一生涯のスキルです。**

私の場合も、勇気が増すほどに、私や私の考えを尊重してくれる人、私の意見に賛同して協力しようとしてくれる人が増えました。勇気はあなた自身や周りの人たちを支えるとても魅力的な特性となります。

私はその女性に、ここに書いた内容を話し、もし彼女がそれを望み、勇気があるなら、変化を起こすのは今からでも遅くないと言いました。オリンピックが開催されるのは今年ではなく、２０２０年なのですから。

## いつかではなく、今こそ勇気を出そう

ひどい状況に置かれているにもかかわらず、ほかのことをするのは怖い、と言う50代の人たちの話もよく聞きます。不安で行動できないのです。私と同年代で、M&Aの仕事をしている元クライアントは、現在ニューヨーク在住で、相変わらずほぼ毎日朝から晩まで働いています。仕事が大好きだと言いますが、その言葉はむなしく聞こえます。

私の最初の著書『What Do You Want to Create Today?（今日は何を実現させようか？・未邦訳）』がとても気に入ったが、読んでいて「怖かった」と彼は言います。私は驚きました。怖い話を書いたつもりはありません。でも、夢に関する章が特に怖かったと言うのです。

彼は夢を追いかけることに消極的で、今まで築いてきた生活を失うことを心配していました。しかし、彼はいつも忙しく、子どもや孫ともコミュニケーションをとらず、私が訪ねてランチに誘うときまって「いくらかかる？」と聞いてきます。なぜこの生活を失うことを恐れるのか不思議でたまりません。彼は今の生活にまったく幸せを感じていないように見えました。

**目的意識や明快な意志を持って働く勇気があり、周囲に迎合しない人には、何とも言えない魅力があります。**

日本で一緒に仕事をしたある日本法人の若きCEOは、自分の意見を述べ、勇気を示す最適なタイミングを心得た人でした。彼はニューヨーク本社からのメールや要求、訪問をひっきりなしに受けていましたが、日本に強力な販売体制を構築するという使命を支えるものしか相手にしないと決めていました。

本社側は日本の全主要都市に店舗を開設することを望んでいましたが、それは得策ではないと彼は考えました。そこで社長に対して、まずは東京に複数の店舗をオープンして、顧客にとって「行きつけの店」になることが最善の策だと主張しました。

東京は世界最大の都市であり、ブランドの知名度が上がるにつれ、東京の街自体が都内の各店舗を盛り立てると見込んでの戦略でした。彼は具体的なデータを使ってこの戦略を推す理由を説明し、必ず結果を出せると本社側に納得させました。

彼は勇気を示し、その勇気が自分のキャリアにも会社にもよい結果をもたらしました。その会社は今では日本全国に１００店舗以上を展開し、彼はアジア地区のＣＥＯに就任しています。

勇気は大切です。そして、学ぶことも大切です。「学び」については次章でお話しします。

# Lesson 5

## 学びは一生の財産

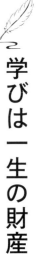

# 学びは一生の財産

「ジュンのこと聞いた？」私のゼミの同窓生が集まる12月の年次朝食会は、その話題で持ち切りでした。そのすばらしいニュースは、Ｆａｃｅｂｏｏｋを通じて誰もが知るところとなっていました。田中ジュンは私のかつてのティーチングアシスタントで、ゼミのメンバーでもありますが、シリコンバレーのアップルへの入社が決まったばかりでした。そうです。あのアップルで働くことになったのです。

実のところ、ジュンがアップルに入社すると聞いて、私はまったく驚きませんでした。ジュンと知り合って10年以上経ちますが、彼の勇気、デザインのスキル、器の大きさ、謙虚な姿勢には、いつも感心させられていました。ジュンは経営学と商業学を専攻していましたが、デザインにも強い関心を持ち、独学で勉強していました。

## 学び続けること――それは銀行にお金を積み立てるようなもの

ジュンはFacebookで新しい仕事について熱く語ったりはせず、ごく手短に発表しただけでしたが、友人からの祝福メッセージであっという間に数ページが埋め尽くされました。

彼が書いたのは、アップルで「多くを学べる」のが楽しみだということです。ジュンにとって、アップルへの入社は、名誉や、給料や、夢がかなうという問題ではなく、学べる機会にほかなりませんでした。ジュンはいつでも学ぶことを優先してきました。

「学び続けること。それは銀行にお金を積み立てるようなもの」。

私はいつもそう言っています。

ジュンは1学期早く――卒業前に――大学を後にしました。オバマの選挙キャンペーンに関わったシカゴのデザイン会社で働くためです。「またとないチャンス。多くを学びたい」とジュンは言いました。無給であるうえに、大学の学位を取得できない恐れもありましたが、それでも彼は日本を離れ、米国へと旅立ちました。

学期末に大学へ戻り、いくつか試験を受けて学位を取得しましたが、それはジュンにとって、たいして重要ではなかったと思います。

**一番重要なのは、新しいことを学ぶ機会を得ることでした。**大学を卒業して再び渡米したときに、給料が倍の仕事に誘われたにもかかわらず、新しいことを学べないという理由で、ジュンはその誘いを断りました。

ジュンのアップルへの入社は、私にとっても嬉しい出来事でした。彼はずっとアップルのファンで、私が彼と知り合った大学2年当時からアップル製品を使っていました。アップルの前は、アイデアとイノベーションの会社AKQA（注：米国を拠点とする国際的広告代理店）の社員として、ナイキやアップルなどのクライアントを担当し、全米を飛び回っていました。

先日の発表の数カ月前、Facebookにジュンが投稿した、極秘プロジェクトでサンフランシスコに行くことを告げる短いメッセージを私は目にしていました。サンフランシスコで何をするのか具体的な記述はなく、「サンフランシスコの新しいプロジェクトで多くを学べることが楽しみ」とだけ書いてありました。アップルの新型iPhoneの発売から数カ月後、さらに長期のプロジェクトのためにサンフランシスコに移ろうとしている様子でしたが、それはAKQAからアップルに転職し、その言葉通り「多くを学ぶ」ためだったとわかりました。

学ぶことは、ジュンにとって最大の原動力であるのは間違いありませんが、あなたはいかがですか？

あなたのキャリアや現在の仕事のなかで、学ぶことはどのくらい重要ですか？

学びが止まったら、倦怠、自己満足、そしてシニシズムに陥ってしまいます。

学ぶことによって、物事に打ち込み没頭し続けることができます。

だから何があっても学び続けてください。

大学教育は、キャリアを通して継続するさらなる学びの始まりにすぎません。

「学びが止まったら、別の仕事の探しどき」

これは何年も前に、偶然にも当時アップルの日本の人事部長をしていた友人から聞いたアドバイスです。同じ言葉を採用担当者からも耳にします。

あなたの会社にも学びの機会を提供する研修プログラムがあるかもしれません。ゼネラル・エレクトリック（GE）には、FMP（ファイナンシャル・マネジメント・プログラム）という評価の高い研修プログラムがあります。これは、4〜6カ月ごとにジョブローテーションによって新しいアサインメント（業務）を割り当てる2年間の育成プログラムです。

また、サントリーの人事担当役員との先日のミーティングでは、同社のグローバルビジネス人材育成プログラムがカリフォルニア大学バークレー校で行われていると聞きました。

あなたの会社の研修制度を確認してみましょう。10年前よりも数は減っていますが、ＭＢＡ（経営学修士号）取得費用を負担し、勉強期間中の給料を支払う会社もまだあります。

ほとんどの会社に何らかの研修制度がありますが、会社の制度に関係なく、学び方は自分で工夫しなければなりません。

## 人生で出会う人すべてが師

人生のあらゆる場面で学ぶ機会を逃さないでください。人から学ぶこともこれに含まれます。キャリアのアドバイスが欲しいときに一番頼りにするのは自分の父親や母親だと言う若者もいます。

小規模なコンピューターゲーム会社でマーケティングを統括する柳ジュンコの場合もそうです。彼女の父親は日本の有名な化学薬品会社の役員で、長期間赴任していたベルギーから最近帰国しました。ジュンコは「父親から学ぶため」に実家に引っ越しました。彼女の父親は優れたリーダーで、部下の管理や成功の秘訣など教わることがたくさんあると言います。

私自身は、人生のパートナーである大橋人士から多くのことを学べて幸せだと思っています。私たちは朝のミーティングを行い、ギャラリー経営やコンサルティング事業について話し合います。マーケティング、価格設定、特別プロモーション、そしてランチの場所など、話す内容はさまざまです。判断や議論が実にシンプルなこともあれば、複雑を極めることもあります。彼の異なる視点やアイデアを聞くのは勉強になります。私たちは互いの意見を聞いて、それぞれが多くを得ています。

また、長年のコンサルタント仲間とも交流を保っています。ギャラリー事業に関しては、経験豊富なギャラリーのオーナーにアドバイスを求めます。

あなたの職場には学べる相手がいますか？　仕事について誰に相談しますか？　尊敬できるキャリアの相談相手はいますか？

私はときどき、身近な人からしか学んでいないのではないかと心配になることがあります。

そんなときは、初対面の人たちと会って話をするよう心がけています。身近な人からしか学ばないと、その人の助言に従うことを期待され、従わないと関係が損なわれる恐れがあります。

ここでいう身近な人とは、事の成り行きに個人的な利害を持っている人のことです。

あなたの両親は、自分たちと同じような道に進んでほしいがために、別の道を探すのをやめさせようとするかもしれません。

最もよくないのは、あなたに質問を投げかけてスキルを身につける手助けをするのが一番大事なのに、すぐに答えを示そうとすることです。自分が進む道――あなたにも進んでほしい道――以外の方向へ行き過ぎないでほしいと願うガールフレンドやボーイフレンドも同じです。あなたを押しとどめる人がいるなら、その人があなたの人生においてそれほど特別な存在か、自問する必要があります。

何も判断を下さずに話を聞き、あなたが自分で答えを見つけるのを手伝ってくれる両親や友人がいるのが理想ですが、誰もがそんなに恵まれた状況にいるわけではありません。確実に教訓を得られるような間違いでも、親が未然に防ごうとするのはよくあることです。両親への過度の依存は、実際にあなた自身の学びや成長を遅らせる恐れがあります。

周りの人たちから学ぼうとしているなら、有名な著述家で『ビジョナリーカンパニー2　飛躍の法則』の著者であるジム・コリンズが提案する方法を勧めます。ジム・コリンズは、企業の取締役会のように、あなたが学びを得られる助言者を集めることを提案しています。コーヒーやビールでも一杯どうかと誘える人たちをさまざまな分野から選んで、あなたの仕事について話をするのです。

何年も前に聴いた講演の中で、コリンズは自前の個人取締役会に加えた多彩な人たちについて話していましたが、そこには大学の恩師や父親の友人も含まれていいました。

## スポーツ同様、仕事もコーチをつけることで成長が加速する

仕事や仕事以外で学びを加速できるコーチを雇う手もあります。熟練したコーチと手を組むことで、自らのキャリア戦略を策定し、仕事の状況を相談し、仕事での学びを最大化することができます。

オーストラリア人の若い友人サイモン・リンクウッドに会ったときに、コーチを二人つけていると聞かされました。会社で管理職に昇進したばかりで、自分の仕事を成長させ、よきリーダーになるために助けを借りたいと思ったそうです。

一人のコーチは戦術――日常的に直面する状況への対処法――を支援し、もう一人のコーチはリーダーシップスキルの向上と長期ビジネス戦略の策定を支援しています。

仕事をもっぱら先輩から学ぶ日本の若者にとっては信じられないかもしれませんが、コーチを雇うのは、自分のキャリアへのきわめて有効な投資かもしれません。サイモンが学びや成長に意欲を持ち、キャリアへの有意義な投資に踏み切ったことは、称賛に値します。

彼はこれを、自分のニーズに合わせてカスタマイズした、**非常に安上がりな、独自のMBA・大学院プログラムだと考えています。**

あなたも必要な助けを借りてキャリアに投資してみてはどうでしょうか？　ドイツ銀行など一部の大企業では、社員にコーチングを提供し、費用は会社で負担するのが普通です。あなたの会社にコーチング制度がない場合は、自前でコーチを雇って独自の学習計画を立てることを検討しましょう。

私がエグゼクティブコーチをしていたときは、担当するエグゼクティブ一人につき、コーチは一人であることが普通でしたが、最近ではエグゼクティブの中には、プレゼンテーション、グローバル戦略、個人のキャリア開発、交渉など、分野別に複数のコーチをつけている人も数多くいます。

テニスプレーヤーやゴルファーなどプロのアスリートが必要とする学びを考えてみましょう。プロゴルファーなら、パッティングコーチ、スポーツ心理学者、ロングドライブのコーチなどが必要かもしれません。あなたが週末しかゴルフやテニスをしなくても、先生やコーチに教わると上達が早いことはおわかりでしょう。

マイケル・チャンをコーチに迎えてから、テニス選手の錦織圭に起きたことを考えてみてください。錦織はここ何年か、男子テニスの世界ランキングで20位以内にいましたが、これを書いている時点で5位にランクインしています。かつてのスター選手からコーチに転身したマイケル・チャンの存在が、錦織のゲームプランの立て方に大きな変化と成功をもたらしました。

マイケル・チャンの指導を受け始めてから、錦織は大躍進を続けています。2014年の全米オープンで、錦織は世界ランキング1位のノバク・ジョコビッチを破り、アジア人として初めて、四大大会の男子シングルス決勝進出を果たしました。

２０１６年の全米オープンでは準々決勝でアンディ・マリーをくだし、今まで勝てなかった上位の２選手から初勝利をもぎとったのです。

２０１３年12月に、錦織を長年指導するダンテ・ボッティーニのチームにマイケル・チャンが加わってから、錦織は、華々しい成績を収めています。

「彼の指導を受けてから、僕のランキングや成績が昨年から飛躍的に上がったのはご承知の通りです」と錦織は述べています。

あなたも一流のコーチの指導を受けてみませんか？

## 自分の価値観やアイデンティティに反することはしなくていい

10年ほど前、私はあるクライアント企業から、「フィードバックが率直さに欠ける」というコメントをもらいました。そのクライアント企業の一筋縄ではいかない外国人エグゼクティブの面々と渡り合うには「強さが足りない」と言われたのです。エグゼクティブにもっと意見するような、強気のコンサルタントをクライアントは望んでいました。クライアントは私自身に「コーチをつける」ことを勧め、それに従うことにしました。

私は米国出身の有名なコンサルタント、ジェフ・ベルマンを雇い、「CEOのように話し」、もっと単刀直入にものを言うための指導を受けました。ジェフはとても優秀で、私は彼や新規クライアントを相手に新しい振る舞いを練習しました。その成果もあって、面接を受けたコーチングやコンサルティングの仕事はほぼすべて獲得できるようになりました。

しかし、多くの場合、そうやって獲得した仕事や「CEOのように振る舞うこと」を楽しいと思えず、「CEOタイプ」のコーチを望むクライアントとの仕事にも喜びを感じられませんでした（今は、押しの強いタイプ以外にさまざまなタイプのCEOがいることもわかっています。むしろ私と性格が近い穏やかなCEOとは仕事がうまくいく場合も多々あります）。

そのクライアントが望む人物や彼らが見ている人物――つまり私――は、本当の私とはかけ離れていました。

たびたび演技をしているような感覚に襲われ、この働き方に違和感を覚えるようになりました。ジェフはすばらしい人物です。もしこうした新しい振る舞いに抵抗を感じたら「すっぱりやめて、本来の君に戻れ」と言ってくれたのです。

数カ月後、自分らしい振る舞いやアプローチに戻す決心をしました。当初はいくつか仕事の機会を逃しましたが、やがて自分の本来の強みに一層集中できるようになりました。そして、私の偽りのなさを評価するクライアントと出会えるようになったのです。

これは教訓です。コーチやメンター、あるいは親に指導を仰いだり、研修プログラムに参加する場合は、自分の望む方向に向かっていることを確認してください。自分に合うことを学ぶようにしてください。

新しい振る舞いを学ぶなかで多少の違和感が生じるのはしかたないことですが、

その振る舞いが自分のアイデンティティや価値観に反するなら、中止をしても、コーチを変えてもかまいません。

## 職場はお金をもらって学べる貴重な場所

従来から日本の多くの若者は、働くための学習や準備を会社の業務を通じて行い、大学では行ってきませんでした。

ですが私は教授として、大学は4年間サークル活動に明け暮れる場所だという考えは容認しませんでした。講義の難易度を米国で教えた講義と同じくらい高く設定し、私の講義をとった学生は、しっかり学ぶことを目的に出席していました。

それでもまだ、日本企業の多くは、新卒者を「まっさらなページ」のように扱います。企業は新卒者に自社のやり方を一方的に教えることに終始し、ときには学生が学んできたことを無視して、「それは日本社会やこの会社では通用しない」と言う場合もあります。

日本のエグゼクティブの多くは、この手法が機能していると信じ、変える必要はないと思っているようです。日本企業の人事部長に会うと、自社のやり方を教える〝新人〟研修の話になります。研修では、マナーや日本流の仕事の進め方に長い時間を割くと言います。

このようなスキルにも価値はあると思いますが、こうした企業やその社員は、自分たちの手法をグローバル化しようとしても、十分な成果を上げられない可能性があります。あなたの会社も同じような状況にあって、別の視点も学びたいのであれば、社外での学習を始める必要があるでしょう。

ある意味で、あなたが職場でしていることは「有給学習」です。私がコーチングを担当したクライアントの一人がそう呼んでいました。あなたは学びながら給料を受けとっているのです。仕事について学び、自分自身について学び、成功する方法を学んでいきましょう。

## 学ばざるをえない環境に身を置く

誰もが仕事で課題を抱えています。ぜひその課題から学んでください。失敗から学ぶこともありますが、同じ失敗を何度も繰り返さないようにしなければなりません。

Lesson 2でもふれましたが、現在はスタートアップ企業のKAESI CO.代表で、元VCNC Japanの代表を務めた梶谷恵翼は、課題と学ぶことが大好きな人間です。彼は、迅速な学習が必要な状況を積極的に求めています。私たちが知り合ったとき、恵翼は弱冠25歳でしたが、VCNC Japanはその後わずか2年で、2人だけだったスタッフが6人に増え、黒字化も果たしました。

その後、恵翼は「もっと苦労がしたい」と言いました。「苦労」と聞いて、使う言葉を間違えたのではないかと思いましたが、苦労をすれば何かしら学ばなければならないからだと彼は続けました。当時も6人のチームを率いることになるとは、彼自身予想していなかったと言います。リーダーとしての最初の数カ月に「非常につらい」思いをした彼は、リーダーに求められる行動について学ぶ必要に迫られ、ほかの起業家たちに教えを請うたそうです。恵翼は今も学んでいます。「苦労があるからこそ、学べている」と彼は語っています。

多くの日本企業がジョブローテーション制度を取り入れ、社員が新しい部署で学び続けられるようにしています。日本企業はOJT（オンザジョブトレーニング）を重視しています。経理部門からマーケティング部門に異動しても、業務をすばやく学べます。サントリーの人事担当役員の一人は、これまでにマーケティング、経理、グローバルビジネス戦略といった部門を経験してきたと言います。

同じ部署に2〜3年以上とどまるのは、日本企業の多くでは珍しいことです。あなたも部署異動や転勤を経験する可能性が高く、それによって学び続けることができるでしょう。もし、5〜6年同じ部署にいて、学びが止まっているなら、上司や人事部に別の部署への異動を願い出るときかもしれません。

前述したGEのFMP（ファイナンシャル・マネジメント・プログラム）のように、外資系企業の多くが体系的な研修プログラムを取り入れています。外資系銀行に就職した教え子たちはみんな、入社後まもなく最低1カ月の研修を受けるため、ロンドン、ニューヨーク、香港、シンガポールなどにそれぞれ派遣されました。

あなたにも、学ぶところの多い有能な上司がいることでしょう。学べることを理由に、気難しい上司の下でじっと我慢する場合もあるかもしれません。

私がコンサルティングを担当した化粧品会社の例もこれに当てはまります。その上司はやや変わり者で気まぐれでしたが、部下にとっては学ぶべきところがありました。チームのメンバーは1～2年だけその上司の下で働き、学ぶべきことを学び、我慢の限界に達したところで、最終的に他部署へ異動していきました。

一緒に働くのは苦痛でも、学ぶところが非常に多いため、部下が短期間だけでも耐えてついていくというビジネスの天才もいます。

あのスティーブ・ジョブズと働いた人たちも、そうだったのでしょう。ジョブズはよく人を罵倒して恥をかかせたと言われています。ジョブズが人を感化する、天才と呼ばれる人物であるのは間違いありません。ジョブズとなんとかうまく仕事ができて多くを学んだ人もいる一方、たとえ学び続けられたとしても、侮辱を受けるくらいなら会社を去ろうと決意した人もいます。

著名な起業家のガイ・カワサキは、かつてアップルの中枢にいましたが、同社を去りました。彼はジョブズにビジネスの才覚があることは認めていますが、コミュニケーションとマネジメントに関しては落第点をつけています。

## 世界で学べる今、自分に最適な学習計画を組み立てる

学ぶことについて人と話をするときに、まず頭に浮かぶのは、学校へ通うこと、そして資格の取得です。米国や日本の公認会計士の資格を取るために高い授業料を払って専門学校に通った教え子もたくさんいます。もし会計や、その専門学校で教

えている分野が好きならば、それはすばらしいことです。

しかし、その分野にそれほど興味がない場合、本当にその資格は必要ですか？　また、あなたが望む仕事に就くためにその資格や学位は本当に必要ですか？

自分自身の教育にもっと主体的に関わり、自分が学びたいこと、学ぶ必要があることを学びませんか？　あなただけの独自の学習計画を立ててみませんか？

無料または従来型の教育よりはるかに低コストで利用できるオンライン教材もたくさんあります。

TEDトークや、マサチューセッツ工科大学、スタンフォード大学などの一流大学が提供するMOOC（ムーク：大規模公開オンライン講座）を使えば、自分だけの大学院教育を組み立てることができます。

JMOOC（ジェイムーク：www.jmooc.jp）、gacco（ガッコ：gacco.org）といった日本のMOOCもあります。

名門ハーバードビジネススクールもオンライン教育プログラムを立ち上げています。これはＨＢＸと呼ばれ、「経営学教育のまったく新しいセグメントとして、プレＭＢＡ講座を作ることを目指す」プログラムです。ＨＢＸのプレＭＢＡ講座は、財務会計・経営分析・マネージャーのための経済学の３つのオンライン講座で構成されています。全３講座の履修期間は９週間で、学費は約１５００ドルです。

留学を組み込んだ学習プログラムの策定や、海外インターンシップへの参加も可能です。

「ノーペイＭＢＡ（No-Pay MBA）」「ブレイズン・キャリアリスト（Brazen Careerist）」「アンカレッジ（Uncollege）」といった独創的な名前のウェブサイトやプログラムもあり、**これらを使えば、MOOC、留学、修了証取得、体験を組み合わせた、自分だけの学習プログラムを無料で作ることができます。**

なお、この種の学習プログラムは、質にばらつきがあることも多いため、大学のカウンセラーや教授、プログラムの参加者に聞いて、その実績や成果の詳細を確認してください。

## 言葉もわからず海外に飛び出しても活躍できる

日本から海外へ修行に出かける料理人について考えてみましょう。その多くが言葉もわからないままフランス、イタリア、スペインに渡り、現地のレストランで見習いとして働きながら専門料理の作り方を学びます。彼らは数カ月あるいは数年かけて必要なことを学んだ後、日本へ戻って仕事を続けます。

海外での修行中は、無給で働くことも珍しくありません。目的は学ぶことであり、この学んだ経験が料理人の人生を変えるのです。こうした学びの可能性はどの職業にも当てはまります。

サダハル・アオキ——青木定治氏の名前をご存じの方も多いでしょう。青木氏はフランスの料理評論家ジル・ピュドロフスキー主宰のグルメガイド『ピュドロ』で最優秀パティシエに選ばれたほか、ショコラティエとして数多くの賞を受賞しています。

彼は1991年に渡仏し、パリの一流レストランで修行を始めました。調理師専門学校を卒業し、東京のフレンチレストランですでにシェフとして働いていましたが、パリの一流パティシエに学びたいという思いがあったのです。

青木氏は当時、フランス語を一言も話せませんでしたが、パリへ渡り、フランスそしてスイスの一流レストランの厨房で修行を積みました。鍋を洗い、床にモップをかけ、ペストリーをカットしながら、仕事を見て覚えていきました。

やがて、独自のスタイルのチョコレートやペストリーを創りだし、ミシュラン三ツ星シェフ、フレディ・ジラルデがスイスに構えるレストランのパティシエとなりました。今は日本とフランスを拠点としていますが、青木が生み出す日本の独特の美を表現したチョコレートや菓子は、世界中で人気を博しています。

前述の梶谷恵翼は、スタートアップについて学びたい、スタートアップで働きたいという気持ちがあるなら、自分で学ぶ機会はいくらでもあると言います。

「基本的に、スタートアップは人手を必要としています。自前でそろえる余裕のない人材やノウハウを求めているのです」

その気があれば、スタートアップに直接連絡するか、最寄りの、または大学に附属するインキュベータ（起業支援組織）とコンタクトをとって、手伝いを申し出ることを恵翼は勧めています。マーケティングや専門技術の知識、あるいは時間の余裕があるなら、あなたもスタートアップを手伝って、学んでみませんか？

## 社会人向け教育プログラムでモチベーションを高く保つ

従来型の学習方法をとりたい場合は、新たな学士号の取得を目指すことや、慶應大学などさまざまな教育機関が提供する社会人教育プログラムを履修することが可能です。大学時代に社会学を専攻し、今度は経済学を体系的に学びたい場合は、社会人教育プログラムがぴったりでしょう。

社会人教育プログラムの多くは、オンライン授業と定期的な面接授業（スクーリング）を組み合わせています。単位も大学の学位も取得できます。私も社会人教育プログラムで教えたことがありますが、学生のモチベーションの高さには驚かされました。こうしたプログラムに参加すれば、新しい出会いが得られると同時に、学生時代に勉強しなかった科目も学ぶことができます。

では、大学院はどうでしょうか？　ＭＢＡは？

大学院進学の是非、特にＭＢＡについては、よく意見を求められます。これは大きくかつ重要なテーマですので、次章で説明します。

# Lesson 6

## ただなんとなく
## MBAをとってはならない

# ただなんとなくMBAをとってはならない

今本シュンスケから「会いたい」というメールが来たときには驚きました。シュンスケは10年ほど前の教え子で、お世辞にも勉強熱心とは言えない学生でした。彼は勉強よりも、株や債券に関心があったのです。

その関心は少なくとも経済的には役に立ったようです。いまや彼は六本木の高級マンションに住む、外資系銀行の為替トレーダーでした。大学院について相談したいという話だったので、二人で会うことにしました。

シュンスケは、年収100万ドル超えの夢を28歳で達成したと言います。「でも、何か足りないんです」。まだ何かを求めている彼に、「何がまだ足りないの？」と尋ねました。

「お金ではありません。人を相手に仕事がしたいんです。今はずっとコンピューター画面に向かって仕事をしています。24時間稼働する8つのコンピューター画面に囲まれ、人と触れ合う機会がほとんどありません。もっと人とのつながりが欲しい。それで、ＭＢＡの取得を考えているところなんです」

ＭＢＡを取ろうなんてどうかしていると職場の同僚たちは口をそろえ、「今の君の仕事や収入こそ、大方のＭＢＡ取得者が喉から手が出るほど欲しがるものだ」と諭したそうです。

私は彼に、なぜＭＢＡが取りたいのか、ほかの学位ではだめなのかと聞いてみました。ＭＢＡの学位はステータスになり、キャリアの選択肢が広がるからだとシュンスケは答えました。ステータスに関しては納得しましたが、選択肢が広がるという点はピンときません。人と触れ合うこと以外に、彼が何を求めているのか考えるのが先決だと思いました。

そこで、ＭＢＡ取得後に収入が減っても納得できるのかと聞いてみました。シュンスケは「いいえ」と答えました。将来銀行の頭取になりたいのかと聞くと、やはり「いいえ」と答えます。勉強中の2年間収入が途絶えてもかまわないのかという質問にも「いいえ」。GMAT（ビジネススクール（経営大学院）への入学希望者を対象に行われる入学適性テスト）の試験勉強をする気はあるかと聞いても「いいえ」。そもそも彼に勉強する時間があるのか疑問でした。コンサルティング会社や投資銀行に転職したいのかとも聞いてみました。私の質問に対する彼の答えはすべて「いいえ」か「わからない」でした。

「MBAは正解じゃないようだね」と言うと、シュンスケは驚いていました。

「本当にやりたいことは何か考えてごらん。違う仕事が必要なのかもしれないし、ただ休みが必要なだけかもしれない。もし人と触れ合う仕事がしたいなら、銀行の別の部署に異動できないか確認してみたらいい。でも、収入が減る覚悟はしておかないとね」

大学院進学やMBA取得に関する私の基本的な考えは、「大学院やMBAの理由をしっかり理解すること」。理由もわからずにただなんとなく、では絶対にいけません。

## ほんとうにＭＢＡ取得が必要ですか？

最近日本の若者たちが考える大学院といえば、大方がＭＢＡです。しかし、どの分野にも別の選択肢がたくさんあります。ＭＢＡは万人向けではありません。ＭＢＡ取得があなたに適しているか確かめるために、まずは、次の質問に答えてください。

・大学院で何を学びたいですか？
・上級学位は、あなたにとってどのように役に立ちますか？
・必要な費用を全額負担したうえ、1～2年間収入が途絶えてもかまいませんか？
・大学院進学は、収入やキャリアの面で、後々あなたのプラスになりますか？（上級学位への投資対効果として考えてください）

ＭＢＡは誰にでも適しているわけではありません。昇進やキャリアアップに上級学位が必ずしも要求されない日本では特にそうです。多くの日本企業が、自社の研修プログラムに誇りを持っています。日本企業の人事部長からは、ＭＢＡは必要ないというアドバイスも耳にします。

周りと違うことや海外経験の豊富さがマイナスになるような企業もあり、そのような場所ではＭＢＡなどの大学院教育はかえって邪魔になることもあります。日本ではいまだに年功序列に基づく賃金体系や昇進制度を採用している企業が少なくありません。

もちろん、ＭＢＡの学位が雇用市場で大きな効力を発揮し、昇進や転職に役立つ米国では、私のアドバイスは違ってきます。

日本で大学院教育が重要となるのは工学系です。エンジニアにとっては、指導教授の研究室で修士課程の研究を行うのはごく当たり前で、ほとんど必須です。多くの企業が修士号を取得したエンジニアを積極的に採用しています。

ちなみに私の場合は、教授になるために大学院へ行きました。大学レベルで教えるには、博士号が必要だとわかっていたからです。博士号を取得せずに非常勤講師として教える道もありましたが、非常勤の立場では、自分が望んだような貢献を果たす機会は得られなかったでしょう。それに、非常勤講師の安い給料では生活もままなりません。

私は働きながらパートタイムで大学院に通い始めました。学費が貯まったところで常勤の仕事を辞め、その後はフルタイムで通学しました。大学院は私の人生を変えました。大学院に通わなければ、教授にはなれなかったでしょう。

## 大学院へ行くべき理由、行くべきでない理由

具体的な達成目標があって、さらに勉強を重ねることでその目標に近づけるなら、大学院進学は理にかなっています。たとえば、次のようなケースです。

・高校で教えたいから、教員免許が必要。
・現在のスキルでは、会社でのキャリアは頭打ち。何か専門知識を身につけたい。
・大きな転身を図りたい――かつ、その方向が決まっている。たとえば、弁護士になりたいが、これまで法律を学んだことがない、など。
・他者と差別化を図りたい。
・大学で学ばなかったことを学びたい。
・転職したい。ＭＢＡなど大学院の学位が自分の市場価値を高めると考えている。
・仕事上の人脈を広げたい。

理由もわからずに、ただなんとなく、大学院に行ってはなりません。

**大学院に通いながら、「ここで何をやっているのだろう」と自問するような人にはならないでください。**

さらに悪いのは、大学院を修了した後、まったく望まないキャリアパスに乗ってしまうケースです。大学院進学者全員が満足しているわけではありません。次のようなことを言う人たちもいます。

「大学院は時間とお金の無駄でした」（日本企業に勤めるＭＢＡ取得者）
「ハーバードビジネススクールに合格したら、行かないとは言えないでしょう」（現在は非営利団体で働く元コンサルタント）
「私が会計を学ぶのが父の希望でした」（退職した高校教師）
「ほかに何をすべきかわからなかったので、ロースクールに行きました。自分が陥った状況を理解していませんでした」（グラフィックデザイナーに転身した元弁護士）

自分がやりたいことを見極めるため、あるいは仕事を探すあいだの一時的な身の寄せどころとして進学するのではなく、もっと明確な理由で大学院へ行くべきです。こうした漠然とした理由は、大学進学時にはまったく問題なかったとしても、大学院ではいただけません。

大学院進学にはお金も時間もかかります。海外でＭＢＡを取得するとなると、米国のトップスクールの場合、学費だけで20万ドル。大学院は、莫大なお金と時間がかかる選択肢なのです。

大学4年間で自分のやりたいことが見つからなかった、あるいは通常の就職活動期間中に希望する就職先から内定が得られなかった場合、留年という選択肢もあります。あなたも考えたことがあるかもしれません。

日本では、卒業学年で留年する学生が6人に1人もいます。この中には、海外留学による卒業単位不足を補うために留年する学生もいれば、学業目的だけでなく、ただ就職活動を続けるために留年する学生もいます。

留年あるいは大学院修士課程で1～2年間研究をする以外に、**海外の大学で第2学士号の取得を目指す方法もあります。比較的費用も安く、短期（1年で取得可能な場合もあり）かつ容易なうえ、非常に大きな成果をもたらします。**

大学院の入学試験を受ける必要もありません。SAT（大学進学適性試験）やTOEFLの受験さえすればよい場合がほとんどです。

私のかつての教え子にも、米国で第2学士号を取得した学生が何人かいます。彼らは職務スキルを高め、グローバルに人脈を広げ、英語力を磨き、自信を身につけて帰国し、これが日本の就職市場で大きな武器になりました。

元教え子の鈴木ヒロは、カリフォルニア州のペパーダイン大学で取得した第2学士号が決め手となって、大手コンサルティング会社に就職しました。

コロンビア大学に編入してファイナンスの第2学士号を取得した竹村ユキは、海外留学とニューヨークでのインターンシップの経験が評価されて、日本のプライベートエクイティ会社に即座に採用されました。

## あえて居心地のよい場所を離れる

もし、工学系以外の分野で大学院に進学すると決めたなら、出身大学の学部からはできるだけ離れることを勧めます。母校の学部の指導教授のところへ戻りたいかもしれませんが、できるだけ居心地のよい場所から離れたところへ行ってください。

卒業した学部と同じ研究科の、同じ教授のところで研究をすれば、すでに読んだ論文を読み直したり、以前と同じプロジェクトに取り組んだりすることになるかもしれません。

**別の教授、別の研究科、別の大学、そして別の国を選んでください。**
**大学院での時間は、あなたの目を見開かせ、視野を広げるものであるべきです。**

大学院の出願プロセス全体が、自分のやりたいことに近づくきっかけとなります。元教え子の砂口文平は、学部生のときと同じ国際経済学のゼミで研究をしようと考えていました。しかしあるとき、新しいことを学ぶ必要があると気づきました。そのため、母校ではなく、神戸大学の大学院で人間行動とリーダーシップを研究する道を選びました。経済学から人間行動へと関心が移り、この分野を研究するのに最適な場所を調べたうえで出した結論でした。

「自分と対話することが必要です。やりたいことを選ぶ経験そのものが、かけがえのない財産になります」と文平は語りました。まったくその通りです。

日本国内で学べるＭＢＡプログラムとしては、筑波大学や早稲田大学など国内大学が提供するプログラムと、テンプル大学やマギル大学など海外の大学が提供する国際的プログラムがあります。

これから先、日本国内だけで仕事や生活をする、あるいは海外で日本企業の一員として働くつもりならば、国内のプログラムが最適かもしれません。

一方、グローバルなキャリアを目指すならば、国内で履修可能な国際的プログラムで学ぶか、海外の大学院へ進むほうがよいでしょう。

シンガポール国立大学のＭＢＡプログラムに参加するために、隔週で日本とシンガポールを往復する友人にその理由を尋ねると、「自分の世界を広げたいんだ。未来はアジアにあるからね」と答えました。彼は世界各国から集まるクラスメートから存分に学びたいのだと言います。

## 大学院選びはネームバリューも重要

大学院を選ぶときは、ネームバリューが非常に重要であることを忘れないでください。入学基準を満たしているなら、評価の高いトップスクールに進んでください。その後の収入やキャリアの幅という点で、大学院のランキングはきわめて重要です。

最も優秀で才能にあふれた人たちが集まる大学院へ進学してください。そうすれば、講義はもちろんのこと、クラスメートからも多くを学べるでしょう。

「とりあえずMBAが取りたいだけ」のクラスメートと、「世界を変えたい、新しい形のビジネスを創りたい」と意気込んで勉強に励むクラスメートとのあいだには、雲泥の差があります。

ここで質問です。

- あなたは今の会社で出世したいのですか？

・それとも、まったく新しい産業を創出したいのですか？

もし後者なら、あなたをさらなる高みに導く教授やクラスメートに出会えるところへ飛び込んでください。

あなたのゴールが日本企業で働くことなら、海外MBAはむしろ得策ではないかもしれません。これだけグローバル化が叫ばれていても、海外の学位を持っているという理由で逆にあなたを雇いたがらない会社もあります。こうした会社は、思考や行動が自分たちに似通った人を雇いたいと考えるのです。

就職情報会社ディスコが2011年6月に日本企業1000社を対象に行った新卒採用調査では、留学経験のある日本人学生を採用すると答えた企業の割合は4分の1未満でした。従業員数1000人以上の大手企業でも、留学経験のある日本人学生を採用したいと答えた割合は4割に届きませんでした。

日本人留学生の数は2004年のピーク時の約8万3000人から2009年に

は6万人を切るまでに減っていますが、その背景には、こうした日本企業の姿勢があるようです。

また、別の理由からMBAの魅力が薄れる可能性もあります。それは、最高のビジネスチャンスの多くは、いまやテクノロジーにあるという事実です。ビジネスの成功において、工学、数学、コンピューターサイエンスの重要性はますます高まっています。『ニューヨーク・タイムズ』の記事によると、MBAは、ファイナンスや企業戦略を想起させる学位であり、テクノロジーや、シリコンバレーとスタートアップが重視するデータ主導型意思決定と結びつくイメージはありません。MBA出願者数が1%減る一方で、工学・数学・コンピューターサイエンス系の大学院プログラムへの出願者数は11%増えています。

## 最適な時期に最適な選択を

塚本良樹にとって、海外でのMBA取得はとても自然な選択でした。彼は20代のころ、マーサー・ジャパン株式会社とプライスウォーターハウスクーパースで計5年間コンサルティングに携わりました。その後2年間、小型風力発電機を核とした再生可能エネルギーソリューションを提供する日本のベンチャー企業ゼファーで働きました。

ゼファーでは、中東とアフリカ全土にまたがる国際的なプロジェクトを担当しました。この仕事を通して、中東とアフリカを飛び回りながら、多種多様な人々と仕事をする機会に恵まれました。アラブの春の真っただ中に、風力発電機を納入しにエジプトへ赴いたこともあります。「会社で英語を話せるのは僕だけなので、どこへでも行けるんです」と良樹は語っていました。

ゼファーに入社して2年が過ぎたころ、代替エネルギーシステム以外の仕事もしたいと考えるようになりました。数多くの日本企業が海外でつまずくのを目の当たりにした彼は、日本企業の課題克服と海外展開の拡大を手伝いたいと思ったのです。

良樹は、日本企業のグローバル市場進出を支援するコンサルタントを目指すことにしました。自分のスキルを強化するために、海外の大学でMBAを取得する真の価値を見出したのはそのときでした。グローバルビジネスに携わるうえで、MBAの学位が自分の信頼性を高めると考えたのです。

平日の夜と週末を学校の調査と受験勉強に充て、中東やアフリカに向かう長距離フライトの機内にも、カタログと参考書を持ち込みました。進学準備として、学費の貯金や推薦状の手配、出願書類の作成も進めました。

良樹はその後、ケンブリッジ大学のMBAプログラムに合格しました。ケンブリッジのMBAプログラムは、そのネームバリューに加え、学生の多様性や同窓生ネットワークの幅広さにも定評があります。彼は40を超える国々から集まったクラスメートとともに学び、自分が思い描くキャリアに必要なスキルと人脈を構築しました。

卒業後、彼は異なるキャリアパスを選ぶことにして帰国し、日本ヒルティという会社に就職しました。世界中の建設業界やエネルギー関連プラントエンジニアリング業界で、最先端のテクノロジーを使った製品やシステムを提供・コンサルティングしている会社です。いまや良樹は同僚たちとともに世界を舞台にコンサルティング業務を行っています。

## オンラインＭＢＡで壁を乗り越える

木田レニーは、現在は世界的なテクノロジー企業の人事統括責任者ですが、前職の医薬品会社では壁にぶつかっていました。職場で知識を深め、昇進するためにさまざまな手を尽くしたものの成果が上がらず、あるとき、キャリアアップのためには別の方策を講じるしかないと気づきました。

そこで、ＭＢＡプログラムを片っ端から調べることにしました。各プログラムの授業の提供方法、評判、コース内容、費用、登録のしかたなどを一つ一つ検討しました。

夫のそばを離れたくなかったので、海外留学は選択肢から外しました。入念に分析した結果、体系化され、かつ柔軟なプログラムであること、学費が家計を脅かすほど高くないこと、従来型の大学が提供するプログラムであること、米国以外の国際的なプログラムであることを選定条件にしました。「米国以外」としたのは、米国の大学で学士号を取得していたため、大学院では異なる視点を得たかったからです。

最終的に、条件をすべて満たしたイギリス・リバプール大学のオンラインプログラムを選びました。レニーは医薬品会社を辞め、オンラインでMBAの勉強を始めました。友人の人材育成支援会社でパートタイムの仕事に就き、トレーニングとファシリテーションの基礎訓練を受けました。

レニーは2年半かけてプログラムを修了しました。「大変で不安でしたが、すばらしい経験ができました」と語り、オンラインMBAが効果を上げた理由については、明確な目的を持ち、目標とする投資対効果をはっきりと現実的に意識していたから、と語ります。さらに、これまでの職務経験が、知識と理論を組み合わせ、学習の価値や意義を高めるのに役立ったと付け加えました。

ＭＢＡ取得後、レニーはイケア・ジャパンの人事マネージャーの職を得て、４年間勤務しました。現在は、世界的なテクノロジー企業でアジア全域の人事統括責任者を務めています。彼女はＭＢＡによって、これらのポジションに必要なスキルを身につけたのです。

## 大学院は学びと挑戦の時間――常に背伸びしたチャレンジを

「新しくて挑戦しがいのあることを学びたい」。大学の留学プログラムで日本に１年滞在したジェイソン・フロクトがロースクール入学を決めた理由の根底には、そんな思いがありました。

この決断をしたのは、シドニー大学で美術史と日本語の学士号を取得した後のことでした。美術史・日本語専攻は就職に不利だと気づいたのです。

ジェイソンは学校を調べ、ＬＳＡＴ（法科大学院適性試験）対策の勉強をして、現在通っているノースカロライナ大学ロースクールに合格しました。

法律を学んだことで、ジェイソンは新しい発見をするとともに、キャリアの選択肢を大きく広げることができました。「ロースクールでの勉強は過酷でストレスも多い」と彼は言います。

でもだからこそ、ジェイソンは大きな満足感を覚えています。「自分がどこまでやれるのか見極めるために、ときどきあえて困難な挑戦を自分に課す必要があると実感しています」

ジェイソンの言葉は、前章で紹介した起業家の梶谷恵翼が語ったことと重なります。恵翼はもっと「苦労」がしたいと言いました。ジェイソンも挑戦を求めています。学校や職場で自分の才能やスキルに合う〝背伸びした〟挑戦を自分に課すことは、あなたがこれからキャリアの旅路を歩んでいくうえで、非常に価値ある習慣となります。

## 選択肢が広がり、大きな夢につながる

大学院で出会う人たち、学ぶ内容、身につけるスキルのすべてが、あなたの選択肢を広げてくれます。**あなたの人生は、あなたが学ぶこと、つくり上げる人脈、これからのあなた自身によって変えられますし、変わります。**

楽天の創業者である三木谷浩史氏は、ハーバードビジネススクールでMBAを取得した後、日本に帰国してしばらくのあいだ、企業買収の評価に関するアドバイザーとして、孫正義氏と仕事をしていました。MBA取得前には、こうした仕事も、その後立ち上げる会社についても、彼自身想像していなかったでしょう。

私と三木谷氏とのつきあいは、『ジャパンタイムズ』に掲載された彼を紹介する短い記事を読んだことがきっかけで始まりました。私はすぐに受話器をとり、彼に連絡を入れました――当時は彼をつかまえるのは難しくありませんでした。短い会話の中で、私の大学の授業で話をしてほしいと依頼しました。

三木谷氏は教室を埋め尽くした100人を超える学生を前に、彼の小さな会社と彼の夢について語りました。当時その教室にいた学生で、三木谷氏と彼の会社がこれほど成功すると想像できた人は一人もいなかったはずです。

都心から少し外れた小さなオフィスで彼の会社が開いた「ファーストホリデーパーティー」にも行きました。当時、従業員はわずか15人。そのほとんどが学生か大学を卒業したばかりの若者でした。ハーバードのMBAは三木谷氏に——そして、日本全体に——大きな変化をもたらしました。ご存じのとおり今や楽天は国内最大で世界でも有数のeコマースサイトに成長しています。

大学院進学やMBA取得は、活用次第でキャリアアップの非常に有力な手段になり得ます。しかし、もう一つあなたのキャリアにとって重要な課題を見逃さないでください。

**それは「付加価値の発揮」です。**これについては、次章で取り上げます。

# Lesson 7

## 常に付加価値を発揮する方法

# 常に付加価値を発揮する方法

キャリアで幸先のよいスタートを切るためには、学ぶことが大事です。

また、決断力、自信、勇気など、本書で述べてきたこと一つ一つが大きな意味を持ちます。これらはすべて、あなたが望むキャリアを実現するために重要なことです。

しかし、会社の視点からは、あなたが望むことだけが重要なのではないと認識しておかなければなりません。あなたがその組織にいるのには理由があります。

組織はあなたが付加価値を発揮することを求めているのです。

付加価値の発揮とは、組織の目標に沿った貢献をするということです。

付加価値の発揮が意味するものは、

・新規ビジネスを獲得する
・優れた顧客サービスを提供する
・コストを削減する
・誰も教えられない科目を教える
・期日までに綿密な調査レポートを作成する
・新たな市場を開拓する
など、組織によってさまざまです。

入社直後に直ちに付加価値の発揮を期待されることはないかもしれません。長々とした研修がある組織に所属している場合は特にそうでしょう。しかし、やがては――組織によりますが――、場合によってはすぐにでも、付加価値を発揮することを求められます。

あなたはどこで付加価値を発揮できますか？　これは難問です。少なくとも働き始めのころは答えるのが難しいでしょう。

自分のスキルを知り、事業を展開する市場を把握し、組織の目標を理解し、あなたの付加価値を引き出す人と協力することで、付加価値の発揮のしどころを見極められます。

慶應大学で教え始めたころ、私は商学部の英語教員として雇用されていました。しかし、英語を教えることは、私の専門分野からも希望するキャリアパスからもかけ離れていました。私の専門は経営学と組織行動で、自分の精通するこうした分野にもっと近い科目を教えたいと思っていました。

一般英語科目を2～3年教えましたが、講義には必ず何かしら経営学の内容を盛り込みました。この工夫は、私が慶應大学について学ぶ助けにもなり、付加価値を提供する方法となりました。大学や学生への理解が深まるにつれて、経営学の科目を担当するベテラン教員たちとも親しくなりました。そうしたなかで、経営学の選択科目の一部を英語で教える必要があると考えるようになりました。

数年かけて、私の指導担当はほぼ全面的に経営学の科目に移行しました。ほかの教員が教えたがらない、あるいは教えられない独自の科目――アントレプレナーシップ、経営戦略、創造性など――の開発も行いました。

大学と自分自身の利益になる最大の付加価値を発揮する方法を私は見つけました。しかしこれには、ほかの教員からの支援や応援が欠かせませんでした。周りの教員の助けがなければ、指導スケジュールの移行はできませんでしたし、自分のためだけに取り組んでいたとしても、こうした変化は起こせなかったでしょう。

まず付加価値の発揮のしどころを見つけ出す必要があり、自分が得たものはそれを見つけたことへのごほうびでした。

## 付加価値を発揮し、組織内での自分の価値を高める

投資銀行、商社、コンサルティング会社でキャリアをスタートするなら、長時間労働と、クライアントや同僚と会議を重ね夕食をともにする毎日を覚悟しなければなりません。

シニアパートナーたちが家路に就き、クライアントと夕食に出かけ、次のプロジェクトに取りかかるなかで、あなたは深夜まで複雑な契約内容を詰める作業に追われることもあるでしょう。

こうした作業をしながら長時間働くのも、あなたが提供する価値の一つです。これはどうすることもできません。組織がそれを期待するからです。一方で、収入、学び、スキル、人脈といった、あなたが期待するものは十分に得られるでしょう。

私が最初に勤めたコンサルティング会社では、長時間労働が当たり前で、ついていけないスタッフが次々と辞めていく過酷な環境でした。私はなんとか仕事をこなし、クライアントとの電話会議に参加して、パートナーに新規プロジェクトを提案する毎日を送り、クライアント側も私の会社が提供するサービスに満足していました。

20代半ばにして、多くの企業や経営者と働いたことは、貴重な経験となりました。これらのスキルは、次の勤務先でも大いに役立ちました。私は会社に、クライアントに、そして自分自身に付加価値をもたらしたのです。

組織によっては、昇進のため、ときには単にその仕事を続けるため、こうした過密スケジュールに耐えることが求められます。

あなたは、大勢の志望者との競争を制して仕事を獲得したのです。組織で付加価値を発揮しながら、自分自身の価値を高めてください。

それはあなた自身のためです。

組織をよく見て、自分のスキルを把握し、最大の付加価値を発揮する方法を見つけてください。とはいえ、これは口で言うほど簡単ではありません。

組織が求めることが、あなたのやりたいことと重ならない場合もあります。そんなときは、自分がその組織の「適者」であるかどうか再確認する必要があります。

あなたにできないことを組織に求められる場合もあるでしょう。必要な知識が足りないせいかもしれませんし、周りのサポートが得られないせいかもしれません。

藤井タカフミの場合、その両方の問題を抱えていました。付加価値の発揮のしかたを見つけるのは簡単ではありませんでしたが、彼はそれをしっかりと見つけました。

## 困難な中で、自分なりの付加価値を発揮する方法

藤井タカフミは、大学卒業を待たずに働き始めました。彼は完璧な英語を話しました――ハワイ生まれで、8年生（日本の中学2年生）まで現地の学校に通ったため――が、外資系企業は選びませんでした。外資系企業への就職を望まない両親をがっかりさせたくなかったからです。タカフミ自身も、雇用の安定や働きやすさという点で、日本企業が勝ると思っていました。

タカフミは日本の製薬会社に就職し、1カ月の研修を経て、人事部に配属されました。彼はそのニュースをメールで知らせてくれました。なんと、組織変革を任されたというのです。タカフミは「私が考えたことを当ててみてください」と書いた後、こう続けました。「アドバイスを少しもらえませんか？」

新人にいきなり組織変革を任せようなんて驚きです。変革の先頭に立つべきは会社の社長ではないか、と内心思いましたが、タカフミの興奮に水を差したくなかったので、最も役に立つと思われるアドバイスをしました。

会社の経営陣がどのような変革を望んでいるのか確かめること、周りの人たちを変革に巻き込むこと（そうすれば、たった一人で変革を推進せずにすみます）、組織変革に関する本をできるだけたくさん読むこと。それがタカフミへのアドバイスでした。

その数カ月後に会ったタカフミは、なぜ新人である自分が組織変革を任されたのか疑問に感じていました。組織変革を主導するための知識など何も身につけていないのです――そもそも自分自身が多くの変化を経験している真っ最中です。大学を出て社会人になれば苦労も多いだろうと覚悟していましたが、これほど大変だとは思っていませんでした。

「早い話、僕は適任じゃない。最初から無理な業務を任されたんです」と彼はこぼしました。この会社で変革を進めるのは難しいとタカフミが気づくまでに、それほど時間はかかりませんでした。
無理な業務を任せて失敗すれば、体よく追い出せると会社は考えたのではないか、そんな疑念さえ湧いていました。もしかしたらその通りかもしれません。

タカフミはいくつか調査を実施し、人事部の上司やほかの社員と話し合いを持ったと言います。しかし、「変革」は大半の社員にとって禁句のようでした。彼らは「なぜ変える必要がある？　今のままでうまく回っているのに」という態度を見せました。これに対してタカフミは、「将来を見据えて考えなければならないからです」と主張しましたが、誰も聞く耳を持ちませんでした。
調査結果を分析すると、会社の変革を望みながら、それを口にするのをためらっている社員が多数いることがわかりました。タカフミは人事部のメンバーに調査結果を説明し、いくつかの変革を提案しましたが、不可能だと言って突っぱねられました。何かできることはないかと彼は頭を悩ませました。

タカフミはあるセミナーに参加して、変革推進リーダーシップについて学んだと言います。そのセミナーで学んだのは、変革をトップダウンで行うことの大切さでした。そこで早速、社長が会社をどう変革したいのか確かめるために面談を申し入れました。しかし、多忙のため会えないと断られてしまいました。

この仕事をなぜ任されたのか、タカフミはいよいよ疑問に思うようになりました。会社が自分を追い出しにかかっているとしか思えませんでした。彼は本当に会社に求められていたのでしょうか？

彼と会ったとき、ひどくやつれて体調が悪そうに見えました。「組織変革」を任されてからずっと片頭痛が続いていると言います。仕事を続けられないほど具合が悪くなって早退した日もあったそうです。

会社が本当に変革を望んでいるのかわからない、今の仕事も会社も自分に合っていないのかもしれない、とタカフミはつぶやき、私にこう尋ねました。「ひょっとしたら、失敗するように仕組まれているんじゃないでしょうか」

失敗するように仕組まれているのか、会社がタカフミを追い出そうとしているのか、私にはわかりませんでした。ただ、新人が一人だけで変革を実行するのは至難の業であり、特に会社の一番若手で周りのサポートもなければなおさらだと彼に言いました。そして、何か小さな変化を起こせないのかと尋ねました。会社を続けたいのかとも聞いてみました。

タカフミは小さな変化は起こせると答え、会社は絶対に辞めたくないと断言しました。一つには親孝行のため、一つにはこれを失敗と認めることになるからです。「たとえ殺されても、辞めたくありません」。その言葉を聞き、本当に仕事に殺されてしまうかもしれない、と私は内心思いました。

話をさらに続けて、質問を重ねました。サポートのないまま変革を推進することが頭痛の原因だとタカフミは自覚していました。何か手を打たなければ、ますます体調が悪化してしまう、と私は心配でなりませんでした。

あと5年は辞めたくないとタカフミは言います。「5年？　あと5年も片頭痛を我慢するつもり？　5年経たないうちに死んでしまうよ」。私はそう返しましたが、退職を迫ろうとしたわけではありません。彼なりのやり方でいくつか変化を起こし、付加価値を発揮することに専念するよう勧めたのです。

「変革の推進をいったん中断してみたらどうだろう」と私は助言しました。組織変革をもっと広くとらえて、相手が身構えないですむような小さな行動を起こしてみるよう勧めました。人事部の同僚を手伝ってもいいし、「抵抗」を受けにくい別の業務を引き受けてもいいでしょう。

その仕事が変革とどう関係があるのかと問われたら、変革の準備と並行して、会社について知識を深めているところだと答えればいいのです。そもそも、会社が実際にタカフミの雇用を打ち切るというのは考えにくいことでした。

海外出張を控えた社員のトレーニングや、役員への英語の指導を引き受けることも提案しました。**そうすれば彼なりの付加価値を発揮し、会社に貢献し、目立つことなく彼の得意分野を生かせます。**こうした変化ならさほど抵抗を生まないはずなので、体調も回復するでしょう。私は同時に、すぐに医者に診てもらうよう進言しました。「健康第一だから」と一言加えて。

タカフミは私の話を聞いてうなずきながらも、困惑した表情を浮かべています。「僕にできるだろうか」。私はその言葉の意味が一瞬つかめませんでした。自分の仕事についてはっきり主張できるだろうか、医者に行く時間が取れるだろうか、変革がゆっくりとしか進まないことを上司が認めるだろうか。そんなことを彼は心配していたのです。

## 自分の健康・キャリア・命を守るために権限を決して手放さない

それを聞いて、社会に出たばかりの日本の若者に最もよく見られる間違いをタカフミが犯していることに気づきました。自分の権限をすべて手放していたのです。日本でもほかの多くの国でも、部下やそのキャリアに対して、上司は絶大な権限を持っています。

しかし、あなたは、どこで個人の権限を行使し、自分の健康や長期的キャリア、

**利益、評判を守るべきか、知っておかなければなりません。あなたの権限をすべて上司に委ねて、仕事であなたの人生を台無しにしないでください。**

たとえ給料をもらって仕事をしていても、あなたに権限がないわけではありません。無茶な仕事を与えられたら、はっきりとそう言わなければなりません、率直にものを言えない、反対意見を言いづらい組織も日本にはありますが、実行不可能で失敗が目に見えていることをやり続けないようにしてください。

**そして何より、健康を犠牲にしてはなりません。仕事のストレスが原因で死亡するケースは頻繁に発生しています。**

日本では、ある程度の長時間労働や残業は普通に行われています。しかし、過労死は実際に起きています。

日本の厚生労働省の２０１３年の統計によると、過重労働や仕事による精神的ストレスが原因で死亡または自殺した人の数は、年間数千人に上ります。裁判所はこの問題を認識しつつありますが、企業側の認識がどの程度進んでいるかは不明です。

タカフミは、私の提案が本当に状況の改善につながるのか疑問に思っていました。私自身も確信があったわけではありません。ですが、何のサポートも受けずにこのまま変革を進めれば、彼を取り巻く状況がますます悪化するのはわかっていました。それに、日本の組織では、小さな変化が大きなプラスをもたらすことも私にはわかっていたのです。

その理由は、私にも同じような経験があるからです。慶應大学商学部初のアメリカ人常勤教員として着任したとき、私は変革を推進する人物として周囲から期待されていました。

前述のように、私が経営学の科目を英語で教えることを応援して手を貸してくれる教員もいましたが、その一方で、何の支援もせずに、変革を推進する私を孤立無援の状況に追いやろうとする人たちもいました。当時の私は、タカフミのように組織の最下層にいて、ほとんど権限を持たない立場でした。

そして、真剣に取り組めば取り組むほど強い抵抗に遭い、ほかの教員から疎まれるようになりました。

私が実際に変革を始めることができたのは、大学に付加価値を提供し、研究者・教員としての評判を高め、変革の話をしなくなってからです。そんな経験を踏まえて、タカフミに同様の提案をしたのです。

## キャリアで最高のスタートを切るための5つのルール

もちろん、新任教授と新入社員とでは状況が違います。ですが、タカフミをはじめ日本の組織に属するほかの人たちにも同じ戦略が役立つと私は確信しています。

幸先のよいキャリアのスタートを切るために、ぜひ次の5つのルールを実践してください。

1　付加価値の発揮のしどころを見極める。付加価値の発揮を優先する。

自分にできることをやり、持てる知識を駆使して、組織の成功に貢献してください（タカフミの例のように、それが会社の望むことと一致しない場合もありますが）。

2　争わず、押しつけず、押しどころを心得て、常に注意を払って学ぶ。

3　健康を保つ。

日本の商社が体育会出身者を多く採用するのには理由があります。彼らに体力があるからです。社会人になりたての数年間は身体的にも精神的にも消耗します。

4　目立ちすぎない。

「出る杭は打たれる」と言います。残念ながら、それは今も変わりません。注目を集めすぎずにできることをやりましょう。

5　影響力のある人と親しくなる。

一人で仕事をしてはなりません。コミュニティに参加するか、新たに作ってしまいましょう。人の助けを借りてください。

タカフミは半信半疑ながらも、私の提案を試す気になりました。なにしろ体調がすぐれず、このまま入院するはめには陥りたくなかったからです。それに、このくらいの変化ならさほど抵抗を受けないと考えたのです。

また、こうした対応をとっているあいだに、自分の置かれた状況をよく見て、本当に会社にとどまりたいのかを考える余裕ができるはずだと私は指摘しました。今は体調の悪さや周囲の抵抗のせいで思考が鈍っています。体調が回復して抵抗も減れば、転職するメリットに目を向けられるようになるかもしれません。

話が終わるころにはタカフミは笑顔を取り戻し、行動を起こして自分を守る心構えができたようでした。今後の転職の可能性も意識するようになりました。同時に、会社に付加価値を与えること、自信を失うのではなく自信をつけられることに取り組む意欲を見せました。

数カ月後、タカフミからメールが来ました。変革の話をやめ、上司にはグローバル化に取り組むことを提案し、人事部の同僚の英語を使う業務を手伝っていると報告してくれました。彼の仕事を高く評価している役員のために、英語プログラムも立ち上げたそうです。

タカフミはもう人と争っていません。仕事に喜びとやりがいを感じています。「状況はよくなっています。この仕事を楽しいと思えたのは初めてです。仕事が面白くてしかたありません」

頭痛も治まったと知らせてくれました。業務の転換を始めて2週間ほどは続いたものの、働き方を変えると頭痛はすっかり消えてしまったそうです。

彼が起こした変化が大きな効果を上げたと聞いて嬉しくなりました。タカフミは健康を取り戻し、自分の得意分野を生かして付加価値を発揮しています。これでようやく今の会社が自分に合っているのか明確な判断ができます。

付加価値を発揮することは大事です。

しかし、あなたが社内での昇進を目指しているならば、ほかにもやらなければならないことがあります。

山下レイの場合も同じ状況でした。

## 付加価値の発揮は出発点にすぎない――昇進に必要な2つの鉄則

教え子の山下レイに4年ぶりに会えるのが、私は待ち遠しくてしかたありませんでした。レイは、大学の授業やここ数年のメールのやりとりのどれをとっても、付加価値を発揮することを心得ていました。世界的な会計事務所に勤務する彼女からキャリアの話を聞くのを楽しみにしていたのです。ですが、ようやく会えた彼女の顔には、微笑みではなく不安が浮かんでいました。

レイの勤務する会計事務所での競争は熾烈を極めると言います。驚くような話ではありません。大手会計事務所には、最も優秀で最も競争心の強い若者が集まるものだからです。彼らは生き残りと昇進をかけて競い合わなければなりません。

その会計事務所は、東京だけで毎年数百人の新卒者を採用しますが、ほとんどが数年のうちに辞めてしまいます。より規模の小さい会計事務所に移る人、クライアントの会社に転職する人、自分で開業する人もいます。まさに「上がるか、辞めるか」。5年以上生き残れるのは、一握りのつわものだけです。


レイは4年を乗り切ったところですが、今の仕事のペースを決してゆるめることはできないと言います。「ずっとここで仕事を続けたいんです。それだけじゃありません。いつかこの会計事務所のパートナーになりたいんです。パートナーになれるのは800人に1人。どうしたらその1人になれるでしょうか？」

私は思わず聞き返しました。「本当に？　800人に1人しかパートナーになれないの？」レイはうなずきました。それは大変です。1000に1つのチャンスよりほんの少し多いだけなのですから。レイの同期もほとんど転職してしまったと言いますが、その会計事務所で生き残れる確率を聞いて愕然としました。

レイの会計事務所をはじめとするプロフェッショナルサービスファームは、調査、監査、現地訪問、発表資料や報告書の作成など、「面倒な仕事」をする駆け出しの若手職員を大量に必要としています。

その一方で、シニアパートナー、ディレクター、弁護士は、クライアントと会い、事業開発に携わり、プロジェクト管理を行います。会計事務所や法律事務所、コンサルティング会社に勤める人たちと、どうしたらパートナーになれるのかという話をしたことがありますが、パートナーになれるのはほんの一握りで、コンサルティング会社や会計事務所、法律事務所では特に難しいのです。

私は自分自身のコンサルタント経験を踏まえて、レイに次のようにアドバイスしました。「君がしていることは正しい。付加価値を発揮し続けるしかない。今までやってきたことを続けるんだ」。

とはいえ、付加価値を発揮するだけでは昇進には不十分です。実は、あと2つやるべきことがあります。

1　上司が持つスキルを身につけること

最も優秀なパートナーの行動を観察して、そのスキルを身につけるよう勧めました。一番成功しているパートナーはリーダーシップスキルとマーケティングスキルを備えているとレイは言います。小規模プロジェクトの指揮を執った経験がある彼女は、今後さらにリーダーシップを発揮できる機会と、パートナーのクライアント向けのプレゼンテーションを手伝う機会を求めていくことにしました。

2　上司との関係強化に力を入れること

上司であるパートナーに評価されて、長く一緒に働きたいと思われることが大切です。**必要なのはパートナーが持つスキルだけではありません。パートナーが持たないスキルも身につける必要があります。**彼女をパートナーにするかどうかを決めるのはパートナーですから、その後押しが必要なのです。「パートナーにとってかけがえのない存在になること。プロジェクトについて意見を求められる人になることが大事だ」と私は助言しました。

また、組織によっては、パートナーになるという目標を明かすべきではないかもしれない、という話もしました。

パートナーになりたいという意欲を前向きにとらえるパートナーもいれば、その目標を口にした途端に、足を引っ張り始めるパートナーもいるかもしれません。自分の希望を明らかにするのが妥当か見極めなければなりません。

**若くしてパートナーになった人の何がよくて、パートナーになれない人の何が悪いのかを検討する必要もあるでしょう。**

ほかにも伝えたことがあります。

**パートナーになりたいとしても、うまくいかなかった場合に備えて、別の選択肢も視野に入れておくべきだということです。**

今から職探しを始める必要はありませんが、自分の経験を高く評価するクライアント企業への転職など、別の機会にも目を向けなければなりません。

ひたむきにパートナーを目指す気持ちもわかりますが、夢がかなわなかった場合、ショックのあまり事務所を飛び出してしまうことにもなりかねません。「あらゆる選択肢を視野に入れること」が私のアドバイスでした。
今のレイのやり方は、デートの相手を一人に絞ってアプローチするようなもので、相手が別の人を選んだら立ち直れなくなってしまうでしょう。

もう一つ、レイが意識しなければならないことがありました。
**何が起きても「幸せ」でいるのが肝心だということです。**
これが次章でお話しするテーマです。

# Lesson 8

## 幸せでいることを最優先する

# 幸せでいることを最優先する

1980年代後半、私はカリフォルニア州ロングビーチの海辺の家に暮らしていました。BMWに乗り、仕事に恵まれ、美しい家に住み、投資用不動産を所有し、年中日焼けして、健康状態も良好。でも、私の人生に欠けているものがありました。私は幸せではなかったのです。

私は幸せについて考えたこともありませんでした。重要とも思いませんでしたし、手に入れられるとも思いませんでした。幸せが何かもわかっていなかったと思います。多くの人と同じように、幸せと仕事を結びつけてもいませんでした。

でも、今はわかります。

幸せは楽しみであり、喜びであり、満足であり、至福であり、歓喜であり、充実です。

何がきっかけで変わったのでしょうか？

幸せを優先したのです。幸せこそが自分の目指すゴールであること、自分の将来は自分の意志で変えられること、幸せは偶然訪れるものではないことに気づいたのです。

幸せは砂嵐のようにただ通り過ぎるものではありません。幸せになるスキルをあなたは学ぶことができるのです。

かつて私は、ものにかなりのお金をかけていましたが、いっこうに満たされませんでした。海辺に近い家を買うとすぐに、今度はもっと海に近いさらに大きい家に目移りしました、その後、小ぶりのマンションが一棟欲しくなって、これも買いました。まさに熱に浮かされた状態でした。

こういうふうにものを買うことに熱中する人があなたの周りにもいるかもしれません。私は本当に必要なものが何かよく考えないまま、こうした買い物を繰り返していました。笑顔は絶やしませんでしたが、それは心の痛みを隠すためでした。私は孤独で、満たされない毎日を送っていたのです。

もしカリフォルニアの大学をクビになっていなければ、同じ生活を続けていたかもしれません。その大学で教え始めて6年が過ぎたころ、今年限りで契約を打ち切ると大学側から通告されたのです。

変に聞こえるかもしれませんが、クビになってとてもラッキーでした。その大学の仕事に私は満足していませんでした。自分にまったく合っていなかったのです。カリキュラムは20年間も改訂されず、教員の大半が昼休みはカードゲームに興じていました。博士号を持つ教員は私を含めてほんの数名で、当時30代後半だった私が最年少の教員でした。ほかの教員たちは授業の準備や研究そっちのけで、私の行動に目を光らせていました。

## 何が起きても「幸せでいること」を優先する

「日本が私の人生を変えた」とよく人に言うのですが、これは事実です。日本へ来て、幸せを見つけたのです。私は米国政府のコンサルタントとして初めて日本に来ました。そして、生涯のパートナーと出会いました。日本で彼と暮らすことを決意し、米国政府の仕事を辞めました。その時点で仕事のあてはほとんどありませんでしたが、日本にとどまりたいという思いははっきりしていました。

やりがいのある仕事を見つけたのも日本です。最初の1年間は、六畳一間をパートナーとシェアする生活でしたが、それでもかまいませんでした。最終的には、車もカリフォルニアの家も売り払い、米国と縁を切って、日本で新しい人生をスタートさせました。

日本で学び、社会貢献し、懸命に働き、生活し、楽しみ、これまでの人生で味わったことのないもの——幸せ——をかみしめていました。私はとても幸せでした。そして、その幸せは今も続いています。

変わったきっかけは何かと人から聞かれます。「きっかけは一つじゃない」というのが一番しっくりくる答えです。それは東京であり、パートナーです。仕事であり、食事であり、友人です。

しかし、何よりも大きかったのは、幸せを優先するという意識的な決断をしたことです。

## 必ず幸せになれる幸せマニフェスト10項目

「幸せ」が過大評価されていると言う人もいますが、私はそうは思いません。むしろ過小評価されていると思います。

大学や企業で講演をすると、一番多く聞かれるのは「どうしたらもっと幸せになれますか」という質問です。

それに対して私はいつもこう答えます。

**「幸せでいようと心に決めることです」**

哲人皇帝マルクス・アウレリウスは次のような言葉を残しています。「人生の幸福は、思考の質によって決まる。そのため相応の注意を払わなければならない」

ペンシルバニア大学のマーチン・セリグマンは、精神疾患の治癒に重きを置く従来の心理学理論とは大きく異なる、幸福感を高めることに注目したポジティブ心理学の父として広く知られています。セリグマンは、物事のマイナス面ではなく、プラス面に目を向けることを提唱しています。

「ポジティブ心理学（positive psychology）」という言葉は、実際には50年ほど前にアブラハム・マズローによって初めて使われました。マズローは、人生で最も喜びを感じ、充実し、刺激を受けた瞬間を表す「至高体験（peak experience）」という言葉を作り出しました。

仕事の充実感を高めるために、あなた自身の仕事での至高の瞬間を意識し、その瞬間をどうすれば生み出せるかを考えてみてください。

私からさらにお勧めしたいことを、次の10項目の「幸せマニフェスト」にまとめました。ぜひ参考にしてください。

## 1　一人の時間を持つ

一人でいることを心地よく感じられるようになってください。

## 2　最高の人たちとつきあう

人とつきあうときは、好意的な人を選んでください。あなたの足を引っ張る不愉快な人たちとは縁を切りましょう。あなたの人生には、あなたを大切に思う人が必要です。

## 3　気にしすぎない

「希望した仕事に就けなかった」「老後の蓄えが心配」。そんなことがあれば、落胆や心配は当然です――あなたに限ったことではありません。でも、心配事で自分をすり減らさないでください。心配事のほとんどは実際には起こりません。何が起きても気にしないと思えれば、大きな助けになります。気に病むくらいなら、心配事について何か行動を起こしてください。

### 4　人に親切にする

これは効果てきめん。幸せになれます。失礼な態度や無礼な振る舞いはそのままあなたに返ってきます。親切を心がけ、人の気分をよくさせることで、あなた自身も気分がよくなります。

### 5　あきれるほどポジティブでいる

そう、「あきれるほど」です。そうすれば、ポジティブな人たちがあなたのところへ集まってきます。

### 6　人の行動に判断を下さずに相手の話を聞く

人の行動には理由があります。自分の判断は下さずに、その人らしい生き方を認めてください。

### 7　好きな仕事をする

あなたがやりたいことをしてください。もしやりたいことができていないなら、好きな仕事を見つける努力をしてください。

**8　自分の問題を他人に背負わせない**

あなたの抱える問題は信頼する友人にだけ打ち明けてください。会ったばかりの人やよく知らない人に相談してはなりません。

**9　喜びや幸せを優先する**

「必ず優先する」と決めてください。幸せになりたいと言いつつ、不幸になる選択を自らしている人も大勢います。

**10　笑顔を絶やさない**

笑う門には福が来ます。

あなたを幸せにするものは何ですか？

幸せを優先したらどんなことが起こるでしょうか？

人の歩き方や動きに注目してみましょう。幸せな人たちは歩くのが速いようです。かといって、電車に駆け込むような速さではありません。

**自分の行動に納得しているから歩くのが速いのです。幸せでいるとすばらしいことがあなたに起こります。**

それは日本だけではなく米国でも同じです。

私はいつも満面の笑みを浮かべています。そのほとんどが無意識です。前出の私の著書『What Do You Want to Create Today?』の出版記念トークツアーでシカゴを訪れた際、書店の中を歩いていると、一人の女性が「笑顔をありがとうございます」と声をかけてきました。今度は若い男性がやってきてこう言いました。「あなたに会えて幸せな気持ちになりました」

私はめったにファストフード店で食事はしませんが、コーヒーを飲みに立ち寄ったときに、ふと近づいてきた女性から「素敵な笑顔ですね」と言われました。思いもよらない出来事でした。

## 「幸せ10倍」になる方法は無限にある

日本の厚生労働省の最近の調査で、20〜39歳の若い世代は、従来に増して残業が多く、幸せを感じていないことがわかりました。幸せを感じられない主な理由は仕事上のストレスです。

この調査には、ストレスに満ちた1週間の仕事を終えた後、週末に何をして過ごすかを尋ねる質問もありました。これに対し、3分の1以上が週末は「何もせずにゴロ寝で過ごす」と回答しています。『ジャパンタイムズ』はこの調査に関する記事の中で、余暇の過ごし方がメンタルヘルスの全体的水準に影響を及ぼすと伝えています。

趣味を仕事にしたいと夢見る人はたくさんいます。

たとえば写真が趣味の人はプロのカメラマンとして働くことを夢見るでしょう。

田中カズヤはその夢をかなえました。彼はエンジニアの教育を受け、工学の学位を持っています。そして、スポーツと写真をこよなく愛しています。スキー休暇を北海道で楽しんでいたとき、自分で撮った写真を何枚かスキーリゾートのオーナーに見せる機会がありました。オーナーはすぐさまこう言いました。「すごくいい写真だ。うちのカメラマンとして働いてくれないかな」

カズヤは驚きました。カメラマンとして生活できるなんて思いもしなかったからです。でも今、それが実現しています。カズヤはリゾートを訪れる人々や風景の写真を撮っています。エンジニア時代より収入は減りましたが、それに合わせてライフスタイルを調整しました。まず、家賃の安い長野に引っ越しました。さらに、貯金で北海道に賃貸物件を購入し、友人の手を借りてリフォームしました。今ではその物件から多少家賃収入が入ってきます。つきあう友人も変わりました。新しい友人は非常に面白い人たちで、カメラマン、スキーヤー、スキーショップのオーナー、アーティスト、と仕事もさまざまです。

彼の毎日は新しい出会いに満ちています。スケジュールもほとんど自分の思うままに組むことができます。

そして、何より大事なことですが、カズヤは幸せです。この上なく幸せなのです。

これは、私の知っているライフスタイルを変えた多くの人たちに共通することです。山本カオリは、高収入で社会的名声のある仕事を一連の試験と10回を超える面接を突破して獲得しましたが、1年後に辞めてしまいました。自分が思い描いていたような仕事ではなかったからです。

ＩＴ企業に6年間勤め、牢獄にいるような気分を味わっていた高橋啓も同じです。創造力あふれる自由な精神の持ち主である彼に、この種の仕事は向いていませんでした。そんなとき、とあるアートギャラリーのオーナーと思いがけない出会いを果たし、そのギャラリーで仕事をしてみないかと誘われたのです。

先日会ったとき、啓は次のように言いました。「こんなに幸せだったことはありません。僕はギャラリーの仕事に惚れ込んでいます」。芸術的才能にも目覚めました。暇さえあれば絵を描いていますが、その絵がすばらしいのです。啓は笑顔を絶やしません。自分の仕事が大好きなのです。

菊池カナコとはほんの数分話しただけですが、幸せな人だとすぐにわかりました。彼女は私が講演したイベントで写真を撮っていました。外資系企業の消費財マーケティング部門で11年間働いていたと彼女は教えてくれました。最初は仕事が面白かったものの、そのうち嫌気がさしてしまったそうです。特に、会社が人事考課の指標を次々と増やして社員を評価するのが耐えられなかったと言います。

彼女は写真講座をいくつか受講してスキルを身につけ、消費財マーケティングで培った人脈を活用し、イベントや製品広告のカメラマンになりました。

カナコが自分の転身を言い表した一言が、私は気に入っています。

「収入半分、幸せ10倍。だから大きな前進です」

## 仕事やライフスタイルを変える勇気

こうした転身には勇気が欠かせません。決意も必要です。一定のライフスタイルを手放すのは簡単ではありません。しばらく新しい生活を試した後、結局以前の仕事に戻り、再び不幸な状態に陥る人もいます。

マシュー・ホーンのケースがまさにそうでした。彼は最大手の国際法律事務所の弁護士で、その生活に絶えず不満を漏らしていました。「まるで搾取工場だ。深夜残業は多いし、急な海外出張は入るし、トラブルに巻き込まれたクライアントから当然のように助けを求められる。こんなのは人間の生活じゃない」

本当にやりたいことは何かと尋ねると、マシューは即座に「ヨガ講師になりたい」と答えました。1年後、彼は仕事の時間を大幅に削り、ヨガワークシップに足繁く通って、晴れてヨガ講師になりました。しかし、現実は甘くありません。生徒を集めるのに苦労したうえ、ヨガ講師と弁護士の二足のわらじは難しいと悟ったのです。

1年後、マシューは夢をあきらめて元の法律事務所に戻りました。以前よりも幸せかと聞くと、その法律事務所は相変わらず気に入らないが、ヨガ講師として成功できるとは思わないから、と答えました。彼は法律事務所の報酬だけは気に入ってしまいいるのです。法律事務所に戻って以来、深夜まで働く元の生活に逆戻りしてしまいました。体重は増え、健康に気を配る余裕もなく、いつもストレスがたまっているように見えます。

ロを開けば次の休暇のことばかり。もちろんヨガ休暇で、今度の行き先はタイのサムイです。しかし、これではストレスを管理することも、幸せになることもできません。

近ごろは、非常に多くの人がまさにこの方法――一日中ストレスを感じ、休養は週末の休暇などまとまった時間がとれるまで先延ばしする――でストレスに対処していることを示す研究結果が増えています。

**肝心なのは日々の過ごし方であり、余暇の過ごし方ではありません。**

転身を考えていますか？　それならライフスタイルを変えることも併せて考えてください。そして、長期的な視点に立って、必ずやり遂げると心に誓ってください。

## お金と時間と幸せの深い関係

お金についてはどうでしょうか？　お金で幸せは買えるでしょうか？

10年ほど前、ウォーリック大学のある研究によって、約12万円というわずかな金額で、人の人生観を明るくできることがわかりました。たいした金額ではありません。ですが、余分なお金がなくても幸せになれます。同じ研究者たちは、安定した結婚生活と健康に恵まれることでも幸せになれると明らかにしています。

自分の時間をコントロールできることも、幸福感を増し、ストレスを軽減する要因となります。

『ビジネスウィーク』の記事によると、有給休暇と病欠の日数制限を撤廃する会社が増えています。これは信頼に基づく制度です。各従業員の自己スケジュール管理能力を認めているのです。

驚くことに、こうした制度によって「休暇の取得を減らし始めた従業員もいる」とエバーノート共同創業者で前CEOフィル・リービンは述べています。休暇を減らせば評価が上がると従業員たちは考えたのです。そこでエバーノートは、1週間旅行をする従業員に対して1000ドルの小切手の配布を始めました。対象従業員に求められるのは、航空券の提示と同僚への報告だけです。

ブータン王国は、国民の幸福追求への徹底した国を挙げての取り組みで、象徴的な存在となっています。１９７１年以降、ブータンは成長を測る唯一のものさしとしてのＧＤＰを認めず、代わりに国民総幸福量（ＧＮＨ）という指標で豊かさを測ることを提唱しています。英紙『オブザーバー』の記事によれば、この考え方は、かつては奇妙なものと受けとられていましたが、今では大きな注目を集めるようになっています。ＧＮＨの精神を教育にも取り入れるため、ブータンの学校では毎日瞑想の時間を設けたり、金属音の始業ベルの代わりに心地よい伝統音楽を流したりしています。ブータンの当局者は、「自然環境を保全し、国民の幸せを大切にしなければ、長期的に豊かな国にはなれない」と述べています。

## 80歳になるまで「幸せ」を我慢する？

どのような人が最も幸せなのでしょうか？　第一生命経済研究所によれば、幸福度が最も低いのは40代の男性、最も高いのは80代の男性です。日本では多くの人が

80代まで長生きするとはいえ、ずいぶん長い待ち時間と言えるでしょう。

幸せでいることは仕事に効果を発揮します。ある研究者は、従業員を大事に扱えば業績向上につながることを明らかにしています。

マサチューセッツ工科大学の経営学教授ジネップ・トンは、その著書『The Good Jobs Strategy（グッドジョブ戦略）』の中で、**人手を増やし、従業員の賃金を上げ、待遇をよくすると、企業利益の増加につながると指摘しています。**

ウォートンスクールで教鞭をとるマーシャル・フィッシャーは、ある研究の中で、時給を1ドル引き上げるごとに売上が10〜28ドル増加した小売業者の事例を紹介しています。

トン教授は、従業員は単なるコストではなく、利益の源だと主張しています。米国のコストコやトレーダー・ジョーズ、スペインのスーパーマーケットチェーンのメルカドーナの成功は、厚遇された知識豊富な従業員が利益に貢献することを示唆しています。これらの店では、顧客から欲しいものや気に入らないものを聞き出し、その意見を売り場に反映する権限を持った従業員の数を増やしています。コストコの平均時給は21ドルで、ウォルマートの13ドルを大きく上回っています。

幸せを感じられない原因には職場の問題もあります。その一つはパワーハラスメント（パワハラ）です。日本の厚生労働省の調査によれば、従業員の4人に1人がパワハラを経験しています。厚生労働省では、パワハラを「同じ職場で働く者に対して、職場内の優位性を背景に、精神的・身体的苦痛を与える行為」と定義しています。調査対象企業のうち、パワハラに関する相談を従業員から受けたことがあると回答した企業の割合は45％を超えています。

私としてはパワハラを受けている人たちに、行動を起こし、声を上げるよう言いたいところですが、厚生労働省は、人事考課への悪影響を心配してパワハラ被害を相談できない従業員が多いと説明しています。これでは問題はいっこうに解決しません。こうした傾向は、パワハラ問題の深刻さを浮き彫りにしています。

あなたは幸せでいることを学べます。また、キャリアで順調なスタートを切るために、あなたの世界をもっと広げることもできます。

# Lesson 9

## 世界を広げる

# 世界を広げる

「岸から離れなければ、新しい大陸は見つけられない」

アンドレ・ジッド

自分の世界が狭すぎる、行動範囲が狭すぎる、と感じるときがあります。行きつけのジムに通い、近所のスターバックスやお気に入りのレストランに行き、いつものクライアントや友人と会う。そうした日常を送るなか、私はふと「人生にはもっといろいろなことがあっていいはずだ」と思い、新しい刺激が欲しくなります。そんなときは、**意識して居心地のいい場所から出るようにしています。**

新しいレストランに出かけたり、初対面の人と会ったり、知らない人ばかりのイベントに参加したり、小さな行動を起こしてみるのです。すると必ず、すばらしい人と出会い、何かを学びます。ふだんと違う料理を味わい、見たことのないものを見ることができます。新しい体験をし、世界が広がることで、自分の人生が変わることさえあります。

自分の世界が狭すぎると感じたことはありませんか？
いつも同じ人たちに会い、同じような仕事をして、同じ場所へ行っている気がしていませんか？

**たとえすべてが順調でも、同じことばかりしていては、世界は広がりません。**

若者の長時間労働が当たり前な日本では、平日は激務に追われ、週末に寝だめをする生活に陥りがちです。でも、あなたはそうならないでください。

ディズニーランドの歌「イッツ・ア・スモール・ワールド」はもちろんご存じでしょう。確かに「世界は狭い」。でも、あなたの世界を狭くする必要はありません。
自分の世界を広げてください。居心地のいい場所から踏み出す努力をしてください。

## 旅がもたらす、かけがえのないもの

旅は新しい発見をもたらします。日常を離れ、自分が本当に望むことをじっくり考えるための時間です。

大槻洋三は、最大手の外資系投資銀行に4年間勤務していました。その仕事を辞めて生活を変える決心をしたのは、数カ月間ヨーロッパを旅したときのことでした。

異業種への転職を検討しましたが、自分の進むべき道は企業社会の外にあるかもしれないと気づきました。投資銀行の同僚だったガールフレンド（現在の妻）がシドニーオフィスに転勤になったこともあり、ヨーロッパ旅行を終えた後、シドニーへの移住を決めました。

そのシドニーで、日本の文化やアート、デザイン、生活用品に強い関心を持つ人たちに会い、その出会いが、これまでとまったく違うことを始めるきっかけになりました。洋三は、日本の職人が作る生活雑貨を扱うオンラインビジネス（www.

kurasu.com.au）を立ち上げ、インスピレーションにあふれた日本のさまざまなものを紹介するライフスタイルサイトを始めたのです。

ほどなくして洋三は日本の生活雑貨だけでなく、日本のコーヒー器具やコーヒー豆も扱いはじめました。ネット上で、毎月名人が焙煎したコーヒー豆を届ける定期販売サービスです。

さらに2016年8月には京都で、日本の最高レベルの職人たちが焙煎したコーヒーと美しいコーヒー器具を扱う店舗（kurasu.kyoto）をオープンしました。

「オンラインビジネスやこの「kurasu」というブランドの拡大だけでなく、前々から実際の店舗を持ちたいと思っていたんです」。

彼はオンラインビジネスを通じて、日本中の一流のコーヒー焙煎職人との人脈を築くことができました。洋三はこの店舗でたくさんの顧客と彼ら焙煎名人たちをつなぐことができ、かつビジネスも拡大できると確信しています。

洋三の毎日は、会社にいたころとは大きく変わりました。日本の職人と連絡をとって自分や顧客が好む商品を探し、取り組んだ成果を実感し、何がうまくいき何がうまくいかないのかをじかに学び、成功は自分次第。そのワクワクする感覚を彼は次のように語ってくれました。
「よくも悪くも、自分の一つ一つの決断の結果に向き合うことになります。怖さと同時に自由を感じるんです。これほど面白くて満足を得られる経験はありません」

## 人生はアパートの外にある

私が東南アジアを1カ月間バックパックで旅したのは、50歳を超えてからでした。行き先はベトナム、タイ、ラオス、カンボジア。そんな場所へバックパック旅行なんてどうかしていると人は言い、「体を壊すよ」「もう年なんだから」と友人は忠告しました。私はこうした声にいっさい耳を貸しませんでした。結局、旅の計画を人に話すのはやめ、そのまま出発しました。

1カ月のあいだ安宿に泊まり、移動はすべてバスかバイク。飛行機は使いませんでした。旅に出たのは、ふだんと違うことをするためです。人生を変えようとしたわけではありません。ですが、この旅は実際に私の人生を変え、今までと違ったことをするきっかけになりました。

東南アジアでは、行く先々でアーティストに会い、美術大学を訪れ、アートギャラリーの人たちと話をしました。アーティストの多くが生計を立てるのに苦労していると知り、日本でなら作品の買い手が見つかるかもしれないと考えました。

この旅で私のアートへの興味が再燃し、帰国してすぐにパートナーにこう告げたのです。「アートギャラリーをやろう」。そしてこれを実行に移しました。私たちは東南アジアのアーティストたちの日本での代理人となり、オープンしたギャラリーや、いくつかのアートウェブサイトで彼らの作品を紹介しました。そのうちに取り扱う作品の幅をさらに広げ、日本のアーティストも紹介するようになりました。

私は大学での教職やコンサルティングも続けながら、時間を見つけてギャラリーの仕事に打ち込みました。ギャラリーの運営は、アーティストや顧客をはじめ、すばらしい人たちとの出会いを私の人生にもたらしました。アーティストは刺激を与えてくれる存在です。彼らは創造性を重視し、つながりを大事にしています。私はアーティストと協力できること、その作品を紹介できることを誇りに思っています。ギャラリーは経済的な豊かさをもたらすものではありませんが、友情、学び、創造力、楽しみという豊かさをもたらしてくれます。

数年前、ブロードウェイのトニー賞ミュージカル作品賞を受賞した『アベニューQ』は、おそらくあなたが見たことのないような一風変わった作品です。役者は歌って踊って、同時にキャストである大きなパペットを操ります。ニューヨークを舞台に、大学を卒業したばかりの一人の若者が自分探しとキャリア探しをする物語です。

その中の一曲を聴くたびに考えさせられます。曲名は『人生はアパートの外にある』。主人公の若者をアパートの外へ連れ出そうと仲間たちが歌います。「とんでもなく素敵なことが待っているよ。でも、君がドアを開けなきゃ何にも始まらない」。その通りです。ドアを開けて、新しい人生を見つけましょう。

卒業してすぐに上り始めたキャリアのエスカレーターを降りるのはためらわれるかもしれません。一つの決まった道を進み始めて、自分のキャリアパスがすべて見通せたと思ったでしょうから。

**でも、たとえエスカレーターを降りるからといって、最初の選択が間違っていたわけではありません。もっと自分に合った方向に舵を切るだけです。**

「会計士になるためにすべての時間を費やしてきたんだから、この道を歩き続けなければ」と思うかもしれません。

それでも、一休みして、別の場所へ行って、ほかのことを考えてみてください。そのエスカレーターが間違った方向に向かっているとしたら、あるいは故障しているとしたら、乗り続けても意味はないのですから。

私もかつては、別の選択肢を考えることを死ぬほど恐れていました。過去に経験したコンサルタント、教授、そしてバーテンダーの仕事さえ、そのときは唯一の道だと考えていました。ほかのことや別の仕事ができるとは思えなかったのです。

不安に縛られて、抜け出すのに何年もかかりました。もっと旅をすることを考えていれば、居心地のいい場所から出る努力をしていれば、友人にもっと相談していればよかったのに、と思います。

## 相談するなら同僚でなく利害関係のない友人に

仕事やキャリアの相談を職場の同僚にしたいと思うのは自然なことです。しかし、**同僚への相談には注意が必要です。**その相談があなたのキャリアを傷つける恐れもあります。職場の同僚は会社にとどまって働く選択をしています。あなたが別の選択肢を考えている事実が、職場のみならず、その人たちのことも否定していると受けとられかねません。

前の章で紹介した藤井タカフミは、仕事で問題を抱えていたときに、同僚から「出世したいなら、黙って言われたことをやって何も変えるな」と言われたそうです。しかし、タカフミが任されたのは組織変革なのです。つまり、職場に彼の状況を理解してくれる人はいなかったのです。

私はタカフミに、大学時代の友人やハワイの学生時代の友人に連絡をとるよう勧めました。ほかの選択肢や身の処し方に気づくきっかけになると思ったからです。友人の職場での経験を聞くことで、もっと広い視野から自分の職場の状況を把握できるかもしれないという期待もありました。会社にいる時間があまりに長く、タカフミは人生や仕事に関する判断力を失おうとしていました。

**職場にいる時間や同僚と過ごす時間が長すぎて、思考が硬直してしまうケースが日本の人たちには多く見られます。**

モンゴルで約2年間働いた橋本ユウイチは、たくさんの友人のおかげで勇気と自信が持てたと言います。彼は今でも大学のゼミ仲間と会って刺激を受けています。「あいつらはいつでも勇気とエネルギーにあふれているから」と先日も語っていました。

その上、成功の秘訣についても役に立つ意見や助言をくれたそうです。ユウイチは友人たちの助言、友情、考え方から、新しいことに挑戦する勇気をもらったのです。

見知らぬ土地への旅ができないなら、さまざまな経験を積んだ、今の状況の外側に目を向けさせてくれる昔からの友人と連絡をとってください。

しかしそれは、交友関係を広げる手始めにすぎません。自分の仕事の状況を把握するためだけでなく、充実した人生を手に入れるためにも、友人との交流はとても大切です。

年代や性別、国籍や言語を問わず友人をつくる努力をしてください。多様な交友関係を築いてください。そうすれば、あなたの人生が豊かになるばかりか、新しいアイデアや発想の源にもなります。

ハーバードビジネススクールの元教授で、現在はシンガポールマネージメント大学で教えているロイ・Y・J・シュア教授は、「他文化から得た新しいアイデアは、既存のアイデアを組み換える材料となり、新たな思考を刺激する」と述べています。

多様な文化的背景を持つ友人が多いほど、多様なアイデアや視点から創造的な刺激を多く得られることをシュア教授は明らかにしています。

## 海外で働く機会をつかむために今すべきこと

映画『卒業』のワンシーン。ダスティン・ホフマン演じる大学を卒業したばかりの若者が、頼んでもいない就職先のアドバイスをもらいます。それは一言、「プラスチックだ」。家族の友人がプラスチック業界への就職を勧めるのです。すばらしい未来がそこにあると確信して。

私なら今、日本の若者に違う言葉をかけます。「海外だ」と。海外旅行でも得るものはたくさんありますが、海外で働くことほど、自己満足から抜け出し、キャリアアップにつながるものはありません。海外で働き、あなたのキャリアに刺激を加え、機会を生み出すきっかけを作ってください。

橋本ユウイチは、自分のキャリアの方向性に満足していませんでした。新卒で日本の公益事業会社に就職した彼は、仕事で大きな成果を上げていました。担当地域でトップの営業成績を収めて表彰されたこともあります。退職を申し出ると、会社側から11回にわたって慰留されました。しかしユウイチはこれを固辞し、大手コンサルティング会社にＩＴコンサルタントとして転職しました。

転職先のコンサルティング会社では、プロジェクト管理とクライアント管理のスキルを習得し、システムの設計、コーディング、テストの技能も身につけました。ユウイチはグローバルなプロジェクトを手がけることを希望していましたが、任されるのは国内プロジェクトばかりでした。英語を熱心に勉強し、タイ語も相当なレベルに達していたにもかかわらず、担当するコンサルティングは、国内プロジェクトに限られていたのです。

会社は、経営資源を投じてまでユウイチを海外へ異動させようとはしませんでした。日本で働く多くの若者が、国内に必要な人材だからという理由で、海外経験を積めない状況に置かれています。海外へ行く機会を与えられないまま、日本にとどまることを強いられるケースが非常に多いのです。

商社では、長期の海外勤務の機会が与えられます。金融機関や一部のコンサルティング会社も同じです。ただし、すべてではありません。

ユウイチはもっと幅広い機会を求めていました。国内プロジェクトのために日本にとどまるのは自分の希望に反していました。富山の中学生だったころから、国際的な仕事をするのが彼の夢でした。自分の世界を広げたい、グローバルに活躍する一流の国際人になりたいとずっと願ってきたのです。

そこでユウイチは、思いきった行動に出ることにしました。東京のバーで得た人脈を通じてモンゴルで働くチャンスがあると聞きつけ、すぐにモンゴルへ行くことを決めたのです。その後、東京の仕事を辞めて、自動車と建設機械を扱うモンゴルの専門商社で働くため、日本を後にしました。

モンゴルで、ユウイチはさまざまな経験を積みながら、政治汚職や高インフレ、極端な所得格差、深刻な大気汚染、少ない人口、厳しい気候といった悪条件の中、数々の問題に対処しました。

地獄のようだと思いますか？　ユウイチは平気でした。仕事にやりがいがあり、すべてが目新しい非常に刺激的な市場だったからです。現在、彼は世界的なコンサルティングファームで、以前から夢見ていたようなプロジェクトに携わっています。モンゴルでの経験によって視点が広がり、彼の仕事や組織にとっても大きな価値を与えています。


海外で働くと決めた場合、行き先がニューヨーク、香港、ロンドンなどの主要金融市場であれば、活躍の機会を求めて海を渡った大勢の日本人に会うでしょう。こうした都市では、日本では夢にも思わなかったキャリアを築くことが可能です。

私のかつてのゼミ生にも現在海外で仕事をしている人がたくさんいます。ニューヨークや香港でゼミの同窓会を開いたら、東京の同窓会と同じくらい多くの人が集まると思います。

日本では、特に若い女性の機会や報酬が制限される場合があり、そうした女性たちが海外で働くことを決断するケースもあります。「男性中心」の社会では成功できないと感じて、多くの女性科学者が日本を離れている、と現科学技術振興機構（JST）理事長で前名古屋大学総長の濱口道成氏は講演で語りました。

海外で働く日本人研究者2万4000人のうち6割が女性だと知って衝撃を受けた、と濱口氏は言います。日本の文化的背景による制約で、海外でしか仕事に邁進できないと考える女性もいるという話でした。

たとえ短期間でも海外で働いた経験があれば、自信が深まります。海外での経験を通して研究者がより自信を深め、帰国後の研究で大きな役割を担うことを濱口氏は期待しています。

しかし、海外に出た研究者全員が帰国するわけではありません。日本の研究機関が一流の研究者に報酬を多く支払えないこと、産業界と協力する経済的インセンティブがないことを、濱口氏は問題点として指摘しています。「創薬を実現してもしなくても、給料は変わらないのです」

## 夢を実現しながら、さらに広げていく

私の場合、外国で働いたことが大きな夢につながりました。私は１９８０年代のカリフォルニアの暮らし自体は気に入っていました。ですから、１９８９年にアジアでの米国政府のコンサルティングの仕事を引き受けたとき、一時的なものと考えていました。

ところがこの仕事は、まったく違う人生を歩み、より大きな夢を持つきっかけになったのです。私はそれ以来、カリフォルニアの生活には一度も戻っていません。

橋本ユウイチはもう一つ、モンゴル行きがもたらしたものを見いだしました。自分の内なる声に耳を傾け、本当にやりたいことを自問する勇気と自信を彼は持っていました。

ユウイチは「喜び」を見つけたのです。やりたいことを実現できると喜びを感じる、と彼は言います。「やりたいことをやる、それだけで働く喜びを感じられます」

ユウイチは思いきった行動に出て自分の世界を広げ、その夢はさらに広がっています。彼は今、日本企業の抱える問題を解決したいと考えています。モンゴルでの経験を生かして、新興市場で日本企業の業績向上を支援することを目指しています。ユウイチはいまや堂々と、グローバルビジネスコンサルタントを名乗ることができます。

モンゴルの人々は日本製品を愛し、日本企業と仕事をしたいと思っているが、関係の構築には時間がかかる――ユウイチはそう見ています。日本企業は意思決定のスピードが遅い、と彼は指摘します。

現地から聞こえてくるのはこんな声です。「さあ来い、日本企業！　ぜひ来てくれ。ぜひ決めてくれ」。現地の人たちは日本企業が調査に時間をかけすぎることに不満を漏らしています。ユウイチはそのスキルと経験を生かして、そんな現状に風穴を開けるでしょう。

松井秀喜やイチローといった日本の野球界のスターたちがたどった道のりはご存じの通りです。

しかし、海外へ行くのにプロのアスリートである必要はありません。プロスポーツトレーナーの百瀬喜与志氏は、独自の道を歩み、海を渡って自分の世界を広げ、大きな夢を実現しました。『ジャパンタイムズ』の記事で、百瀬氏は日本体育大学卒業後に青年海外協力隊に参加したと語っています。

当初は、協力隊の任期が終わったら、帰国して日本のプロ野球チームのトレーナーかストレングスコーチになるつもりでした。ですが予定を変更し、米国のオーランドにあるセントラルフロリダ大学（UCF）の大学院に進学しました。

UCF在学中に、米メジャーリーグのチームで働くチャンスが百瀬氏に訪れました。2000年、タンパベイ・デビルレイズ（現レイズ）にインターンとして採用されたのです。夏の延長キャンプ中の3週間の仕事でした。

タンパでのインターン期間中、フルタイムで雇用されるかもしれないと期待をふくらませたものの、思うように事は運ばず、百瀬氏は大学院に戻りました。

しかし、彼はもっと大きな夢を実現しました。メジャーリーグ、ピッツバーグ・パイレーツでのストレングス・コンディショニングコーチとして、15年間にわたって活躍したのです。その後現在は、レッドソックスのストレングス・コンディショニングコーチをしています。『ボストン・ヘラルド』紙によると、百瀬氏はレッドソックスの「秘密兵器」なのだそうです。

タンパベイ・デビルレイズでフルタイムの仕事を得られなかった逆境にも彼は負けませんでした。むしろその逆境をバネにしたのです。これが次章でお話しするテーマです。

# Lesson 10

## 逆境をバネにする

# 逆境をバネにする

かつて私は、自分が所属したどんな組織でも、あっという間にトップに上り詰めることができると考えていました。私の才能やリーダーシップ、印象のよさなど何もかもが直ちに認められ、すぐに役員や社長になれると思っていたのです。

タイムマガジンに勤務したときに、窓からロックフェラーセンターが見渡せる役員室の椅子に座れる日は遠くないと考えました。

コンサルティングの仕事をしたときも同じでした。教授だったときもそう思っていました。次期学部長あるいは副学長にと、教授会から声がかかるのを今か今かと待っていました。

しかし、そんなことは何一つ現実にはなりませんでした。

私が見落としていたのは、どの分野にも頭脳明晰で有能な人たちがごろごろいるという事実です。

おまけに私よりはるかに野心的な人たちばかりでした。やがて私は、トップに立つには自分の会社を起こすしかないと悟りました。コンサルタントとして独立し、ギャラリーのオーナーになったのはそのためです。こうした変化を起こすことで、当然浮き沈みを経験しました。

**今わかるのは、そんな逆境も味方につけられるということです。逆境は避けて通れません。ならば、その逆境から学べばよいのです。**

**あなたのキャリアでも、所属するグループや組織のトップまで一直線に到達することはあり得ません。それは覚悟してください。**

私はギャラリーで一緒に仕事をしたアーティストからそのことを学びました。アーティストは、作品が売れるときもあれば売れないときもあると覚悟しています。新しいものを作る気がしない、それどころか何も作る気がしないときさえあると自覚しています。

失意に陥ってもイライラすることはありません。むしろそんなときこそ、夢に向かって歩き続け、何が起きても「通るべき道」だと受け入れてください。

前述の大槻洋三は次のように語っています。「投資銀行で働いたことで、会社組織というものを思い知らされ、自分がやりたいのは人を相手にする仕事だと気づきました。投資銀行を辞めたことで、人生に何を望むのかを、腰を落ち着けてじっくりと考え抜くことができました」

私はその昔、昇進できなかったり上司に仕事を認められなかったりすると、文句ばかり言っていました。不公平だとこぼしていました。組織がいかに自分の才能に気づいていないかブツブツ言い続けました。自己憐憫に浸って、多くの人に迷惑をかけました。しかし、そんなことをしても何もいいことはなく、私は孤立するばかりでした。

そのうちに、職場で経験する失意や逆境は、自分にフィードバックを与える仕組みだと気づきました。これは学びのチャンスです。

会社の人事考課制度よりも、あなたの身に起こることのほうがはるかに重要なフィードバックなのです。

クビを宣告されることもあるでしょう。到底やり遂げられないプロジェクトを任されることもあるでしょう。個人的な問題で仕事に支障をきたすこともあるかもしれません。

しかし、あなたが経験する失意や逆境はチャンスにほかなりません。自分自身を知るチャンス、自分に何ができるか確かめるチャンス、組織を理解するチャンス、自分がどんな人たちとつきあいたいのかを見極めるチャンス、自分がどんな人間になりたいのかを見つめるチャンスです。「逆境をバネにする」と言うのはそのためです。

## 生きていくためのスキルを身につけ、人として成長する

本書の執筆にあたって話を聞いた若者の多くは、仕事以外についても語ってくれ

ました。たとえば家の中のことで一番大変だったのは料理だと言います。自炊の方法を学んだ人もいれば、コンビニや外食に頼った人もいます。料理は乗り越えなければならない一つの試練だったようです。

彼らは試練に直面し、乗り越える方法を見つけ、進歩しました。そのうちあなたも職場で試練に直面し、乗り越える方法を見つけ、人として成長していくでしょう。**責任を背負い、本当の自分に近づき、やりたい仕事に近づいて、喜びや幸せをもたらすものを見つけていくのです。**

フリーランスのウェブサイトデザイナーである鈴木タクマは、「大学時代と違って母が料理をしに来ないので、全部自分でやらなくてはならない」と言います。文句ではありません。事実を語っているだけです。おまけにフリーランスなので、仕事の獲得から、取引先とのプロジェクトの打ち合わせ、代金の請求、入金確認、家賃など諸経費の支払い、健康維持、料理まで、すべてを自分の責任でやらなければなりません。

それでもタクマは、気が滅入るどころか生き生きしています。起業は彼の夢でした。今はまだたった一人の会社ですが、望んだ生活を手に入れています。自分でスケジュールを決め、一番興味を持てる、実入りのよいプロジェクトを選んで取り組めます。大変なのはもちろんですが、タクマは喜んでこの責任を背負っています。掃除も料理も、必要なことは何でも自分でこなしながら。

私が話を聞いた営業担当や銀行勤務の若者の多くが同じ状況にあります。彼らはノルマを抱えながら、飛び込み営業、顧客の問題の把握と対応、競争への対処をしなければなりません。

**こうした課題や試練に感情的にならず冷静に対処することは、生きていくために大事なスキルなのです。**

渋谷エリコは、投資営業を担当するなかで数々の壁にぶつかり、その打開策を見つけなければなりませんでした。ライバルでもある同僚に情報を頼る必要があったため、その同僚と協力するすべを学んだと言います。また社内には投資営業を女性が担当すべきでないと考える人もいました、驚いたことに、男性より女性からの抵抗のほうが強かったそうです。しかしエリコは、自分から同僚たちに声をかけて親しくなり、それぞれの考え方の理解に努め、やがて周囲から協力を得られるようになりました。

私はエリコに会ったときに、その質問力と傾聴力に感心しました。こうしたスキルは仕事での成功に欠かせないと言います。逆境や悔しさを経験したからこそ身についたものでした。

エリコは同僚の助けを借りる方法も学びました。同僚の外回り営業に同行し、何がうまくいって何がうまくいかないかを観察したのです。磨いた対人スキルを友人や家族と接するときにも発揮し、その成長ぶりに友人や家族も目を見張りました。

## 周囲のアドバイスよりも、自分自身の心の声を聞く

「どんなひとの話も聞いてやれ。だが、おのれのことをむやみに話すではない」。（『ハムレット』福田恒存訳　新潮文庫より）

これはシェイクスピアの戯曲『ハムレット』で、ポローニアスが息子のレアーティーズに授けるアドバイスです。

私はこの言葉を常に肝に銘じています。あなたもアドバイスをくれるどんな人の話を聞いてもかまいません。ですが、**あなたの置かれた状況はあなただけのもので、最終的にどういう行動をとるかを決めるのはあなた自身だと自覚してください。**

両親や祖父母からのアドバイスは、職場でのあなたの問題には、もはや役に立ちません。両親たちが働き始めたのは、終身雇用が当たり前で、会社が従業員を解雇することはめったになく、従業員はあまり自己主張をせず、起業が魅力に欠ける選択肢だった時代です。

現在のビジネス環境は当時と様変わりし、起業——特にハイテク分野の起業——をとても「かっこいい」と考える人たちもいます。今の日本では、失敗に対する悪いイメージも薄れつつあります。

休暇取得の柔軟性も以前よりは高まってきており、両親や祖父母の時代のように休日返上で働くより、むしろ休暇の取得が奨励される職場もあります。かつては「若いときに旅をしておけ。そんな機会は二度とないから」と言われたものです。特定の時期しか休暇を取れなかった当時、これは適切なアドバイスでした。

もちろんすべての企業がそうとは言えませんが、現在では少しずつ職場の柔軟性が増し、社員は長期休暇を含め、休暇をとりやすくなってきたように思います。前の章で触れたように、休暇の日数制限を撤廃した外資系企業もあります。

慶應大学の講師になりたてのころ、私はたくさんのアドバイスをもらいました。「郷に入れば郷に従え」もその一つです。

こうしたアドバイスに従ってもよかったのですが、私は従いませんでした。自分にできることとか、やりたいことかもわかりませんでしたし、ほかの人たちと同じになりたくなかったからです。そして、わが道を行きました。日本人ではなかったせいか、周りに合わせるよう強制されることもありませんでした。その代わりに、大学に付加価値を与えるために自分のスキルをどう使うか、ほかの誰にもできないことをどうやって進めていくか、時間をかけて考えました。

その取り組みの一つとして、大学の教員と学生や私コンサルティングのクライアントとの交流を促すキャリアイベントを開催しました。特別科目の開発も行いました。そうやって付加価値を発揮したのです。付加価値を発揮すれば、仕事に融通が利くようになります。

あなたがもし周りに合わせるよう求められているなら、それができることか自問してください。最大の貢献をする方法を知る機会としてその試練を活用できるか、自分に問いかけてください。

## あえて「異質さ」を強みにする

逆境や壁に直面して乗り越えていくうちに、あなたは組織に付加価値を与える存在となり、スキルも高まっていきます。それに応じて職場での選択肢も増えます。日本には同調圧力がきわめて強い組織もあります。

しかし、日本が変化するなか、異なる視点が真の強みになる可能性もあります。重要なのは、逆境や批判への対処のしかたです。

オーストラリア育ちの山田ジュンコは、国内の老舗製菓会社に新卒で就職しました。コンサルティング会社や外資系企業の面接も受けましたが、この会社のお菓子が大好きで、そのグローバル化を手伝いたいと考えたのです。ここなら海外へ行ける可能性が高いはずだという期待もありました。

帰国子女だから苦戦するだろうと聞かされていましたが、そうはなりませんでした。ジュンコは自分の経歴を隠すことなく、自分らしさを前面に出して勝負しました。自分らしさを隠しようがなかった、というのが本当のところでしたが。

というのも、考え方、自己主張の強さ、外見、どれをとってもジュンコは異質だったからです。まったく物おじせず、誰が見ても派手なファッションに身を包み、週末はロックバンドのリードボーカルとして活動していました。

マーケティング部門に配属されたジュンコは、会社と日本市場について学ぶことを目標にしました。そして2年間で複数のヒット商品を開発しました。最新のはやりもの以外見向きもしない消費者を引きつける新商品を打ち出す必要があるビジネスでは、ジュンコの異質さが真の強みになりました。誰も思いつかないアイデアを持っていたからです。

ジュンコは会社に貢献して成功を果たしました。異質さを成功の妨げにはしませんでした。会社の人たちから「外人」呼ばわりされてもかまいませんでした。本当のことだからです。大学に入学するまで日本に住んだことはありませんでしたし、「外人」だからこそ真の付加価値を発揮して会社の海外展開をサポートできるとわかっていたのです。

個性派で知られるプロダクトデザイナーたちとは、とてもウマが合いました（男性は口ひげやあごひげを生やし、女性は長いイヤリングをぶら下げていました）。また、スーツを着たマーケティング部門の上司たちとも、ジュンコはフランクに話ができました。

そして、海外へ行くチャンスをものにしました。マーケティングの責任者や担当部門のCEOが海外市場を訪問する際に、たびたびジュンコに同行を求め、アドバイスを仰いだのです。経営幹部の大半が英語を話せなかったため、言葉や現地市場の理解の面で、ジュンコは頼りにされました。

「外人」であることは本当にマイナスだとほかの帰国子女の若者がこぼすなか、この会社で成功できた秘訣を尋ねると、「自分のことをわかっていて、面の皮が厚いせいでしょうね」とジュンコはさらりと答えました。

「皮肉を込めて『外人』と言う人もいるでしょうけど、ほめ言葉と受けとって笑い飛ばします。ある意味面白いことですよ。見かけは日本人でも、中身は外人にずっと近いんですから」

「一番のポイントは、付加価値を発揮できていることですね。自分の存在理由は自覚しているつもりです。それは、人と違う視点を会社に提供すること。そうやって、大ヒット商品を生み出しました。新シリーズのチョコレートクッキーを開発して、これが売れに売れたんです。このクッキー、実は米国の似たような商品をヒントにしたものなんですよ」。ジュンコは勝負どころを心得ています。自分の異質さを会社のプラスの力に変えたのです。

ジュンコにはユーモアのセンスもあります。自分のファッションが職場の同僚の着こなしにもプラスの影響を与えていると言います。ジュンコはふだんからとても色鮮やかなセーターを着ています。

クライアントとの面談や役員とのミーティングがあって、たまたまスーツを着ていると、「あなたを見るといつも幸せな気分になるんだけど、なぜ今日は紫のセーターじゃないの？」と同僚に声をかけられ、ジュンコはこう切り返しました。「あなたこそ紫のセーターは？　私を幸せな気分にしたくないの？」

みんな笑い出しました。その後、今までスーツを着ていた女性や男性が何人か鮮やかな色の服を着てくるようになりました。そして、紫や緑や赤色のセーターを着ている自分の姿を見せてジュンコに尋ねました。「幸せな気分になった？」

一同大爆笑でした。

## 逆境を跳ね返すために

葉山ヤスシは、新卒で男性向けライフスタイル雑誌の出版社に就職しました。仕事も同僚も好きでしたが、同僚とのあいだに溝を感じていました。原因は同僚ではなくヤスシ自身にありました。自分がゲイであることが職場で不利になるものかどうか、つかめなかったのです。

大学時代はゲイであることを隠して生活していました。親友には打ち明けていましたが、大部分の友人、教師、クラブ活動の仲間には秘密にしていました。就職後も職場の人たちにはその事実を隠し続けていました。

しかし、入社から数カ月経ったところで「もうたくさんだ」と思い、同じチームや同じ雑誌を担当する若い同僚に1年かけて徐々にカミングアウトし、最終的には上司やクライアントにもゲイであることを明かしました。

結果は予想を超えていました。たいしたことにはならなかったのです。ヤスシは仕事のできる有能な編集者でした。それが一番肝心なことだと思っていましたが、周囲の人たちも同じように思っていたのです。

ゲイなのかと人に聞かれたら、「そうですよ」と答えて終わりです。自分のことを陰で噂したり、聞こえるような声で話している人がいたら、ヤスシはその人たちと向き合い、内緒話をする必要はないと言って「その通りですよ。僕、ゲイですから」ときっぱり告げました。すると、それは取るに足らない問題になりました。

ヤスシは逆境を跳ね返したのです。その結果、友人や家族との関係にもよい変化が起きました。変化を起こすには遅すぎると思っていますか？　そんなことはありません。それが最後の章でお話しするテーマです。

# Lesson 11

## すべてはあなた次第

# すべてはあなた次第

「木を植えるのに一番よい時期は」で始まる中国の古いことわざ。答えは「20年前だった。それと、今である」。

これはあなたのキャリアにも当てはまります。**あなたの望むキャリアや人生に向かって舵を切るのに遅すぎることはありません。**必要なスキルを身につけるのに遅すぎることはないのです。

この最終章を読み始め、自信、勇気、学び、スキルを身につけ続けて付加価値を発揮する大切さを理解してきたあなたには、当然それが可能です。

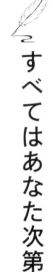

あなたの望む働き方を手に入れるためにどんな行動をとれるか自問してください。

それは、はっきりとものを言うことかもしれません。もっと学ぶことかもしれません。友人と話すことかもしれません。視点を変えることかもしれません。転職することかもしれません。

もう一度繰り返します。**遅すぎることはありません。**

それが身にしみてわかったのは、米国の友人マーク・レビーと話したときでした。マークは数年前に知り合ったブランディングコンサルタントです。マークの妻ステラは、医薬品会社メルクの動物研究所で働いていました。ステラには獣医になるという生涯の夢があり、52歳のとき、その夢をかなえようと決心したんだ、とマークは教えてくれました。試験勉強の末、ステラは獣医科大学に入学したのです。

20代で大学を卒業したときは、成績が届かず獣医科大学に進めませんでした。でもステラは、獣医になる夢をあきらめませんでした。彼女はメルクで動物を扱い世話をする仕事に恵まれました。動物と接するその仕事を20年以上続けた後、今こそ夢を実現するときだと決意したのです。二人の住むニュージャージー州の獣医師免許試験の受験資格を得るには、3〜4年勉強する必要があります。それでも、彼女はためらわず、見事獣医学部に合格し勉強を続けています。

## エスカレーターを降りてもいい

これはあなたが望む変化の形ではないかもしれません。しかし今の日本では、以前に比べて変化を起こしやすくなっているのは事実です。

昔と違って悪いイメージをもたれることなく転職もできます。平日の夜や週末にスキル習得に向けた勉強もできますし、スタートアップで働くこともできます。旅行をしてその後職場に復帰することもできます。起業してその会社を大きくすることもできます。起業した後に自分に合わないと判断したら、元の職場に戻ることも不可能ではありません。

自分だけの働き方をつくり出すことも可能です。若いときには方向転換も比較的容易です。必要なスキルを身につけるのに遅すぎることはありません。独学で勉強することも、週末にボランティアとして働きながらスキルを身につけることもできます。大学院に行くことも可能です。ただし、いずれも自分で決断して責任を負わなければなりません。

かつて日本では、社会に出るというのはエスカレーターに乗り込むようなものでした。人によっては、私立小学校に入学するところからエスカレーターが始まります。その後、大学附属の中学・高校、大学へと進み、有名一流企業に入社します。入社後は徐々に昇進を果たし、課長になり、部長になり、並外れて有能なら役員になるかもしれません。途中で部署異動もあり、あなたの能力が別のところで必要とされれば、関連会社へ出向することもあります。

このモデルは柔軟性に欠けています。日本の初期の経済的成功には寄与したかもしれませんが、今では大半の人に合わないばかりか、雇用の柔軟化を望む多くの企業に合わなくなっています。女性従業員について言えば、そのほとんどに――おそらく誰にも——もともと合わないモデルでした。個人差や、会社に全人生を捧げたくない人たちをいっさい考慮していないからです。

今でも嬉々としてこうした働き方をしている人はいます。でも、本書を読んでいるあなたなら、このモデルに従うつもりはないでしょう。もし従うつもりでも、あなたには合っていません。**実際のところ、これは誰にも合わないモデルになりつつあります。**

なぜだと思いますか？　人も市場も変化しているからです。今ではほとんどの若者が、より充実した働き方——もっと自由で、自分の意志を反映できる働き方——を望んでいます。

高齢化の進展に伴い国内市場は縮小傾向にあり、企業は海外展開を拡大する必要に迫られています。そのため企業は、従業員の雇用、配属、解雇の柔軟化を求めています。

理想の仕事や理想のキャリアパス、エスカレーターで昇っていく道のりは変化しています。従来のモデルは、多くの人の理想ではなくなっているのです。実際、エスカレーターに乗りたがらない人も大勢います。

**エスカレーターには降りられるところがたくさんある、と私はよく言います。自分のキャリアに責任を負えば、いつでも好きな時にエスカレーターを降りられます。**

エスカレーターが故障している、と言うこともあります。エスカレーターで昇っていくキャリアを望まない人もたくさんいるからです。

日本の典型的なキャリアパスは、もうなじまなくなっています。それはきわめて「画一的」なものですが、人は、大きさも、夢も、希望も、ライフスタイルも、みんなそれぞれ違うからです。

## 舵を切るのに遅すぎるということはない

竹谷ダイスケは、ほとんど成り行きで起業家になりました。エスカレーターには一度も乗ったことがありません。新卒の就職活動をする気になれず、大学卒業から

27歳まで、定職に就かずに小さな仕事をやりながら生計を立ててきました。英語を教えたり、友人の起業を手伝ったりもしました。

そのうち、コンピューターのコーディングスキルを友人の助けを借りながら独学で身につけ、2つのスマートフォンアプリの開発に携わってこれを成功させました。

この仕事で得た収入は、旅と自由なライフスタイルを支える資金になりました。ダイスケは東南アジアを旅して回り、中国語を学び、ITプロジェクトの仕事と中国武術の修行を兼ねて中国へ行きました。

ダイスケは当初、この自由気ままで融通の利くライフスタイルが気に入っていました。しかし、28歳になったとき、このライフスタイルが自分に合わなくなったことに気づきました。もっと安定が欲しい、大阪に居を構えて友人と過ごす時間を増やしたい、と思ったのです。

20年前であれば、ほとんどの会社がダイスケの職歴に見向きもしなかったでしょう。でも、今は変わりました。「いったい今まで何をやってきたんだ」と言う会社もある一方で、彼の起業家精神やスキルを評価する会社もあるのです。

今の日本では、スキルと経験がかつてないほど重要視されるようになっています。

ダイスケはＩＴのスキルと起業スキルを備え、自信にあふれていました。コンサルティング会社とプロジェクト管理会社数社に応募し、最終的に、国際貨物輸送会社のアカウントマネージャーとして採用されました。

自分にぴったりの仕事を見つけた、とダイスケは言います。定職に就き、仕事を探す必要がなくなったことを喜んでいます。大好きな旅もできます。クライアントの相談を受け、６０００台の自動車をタイからインドネシアに輸送する手配など、非常にやりがいのある物流問題の解決も任されています。でも何より満足しているのは、これまでの働き方にはなかった安定を得られたことです。

もう一つ、ダイスケのいいところがあります。前にも書いたことですが、彼は自分のキャリアの始め方をまったく後悔していないのです。

28歳にして、彼は自分が望むことに気がつきました。足りないものを自覚して、方向転換したのです。

ダイスケの話を紹介するのは、あなたにもやりたい仕事や幸せになれるキャリアに近づく行動を起こせると理解してほしいからです。

変化を起こした人たちから、もっと早く行動を起こせばよかった、という言葉を聞きます。そんなとき私は、「後悔しないのが一番」と声をかけます。

自分がやりたいこと、そのときやるべきことをしたのであり、新しいページが今開こうとしているのだから、と。

あなたは働き方や働く場所、仕事への取り組み方を変えることができます。

最初からやり直すことも可能です。変化を起こすというのは、仕事でも趣味でも自分らしさをもっと大事にすることにつながります。

本当の自分を隠さないでください。週末にはミュージシャン、アーティスト、あるいはサッカー選手という別の顔があることを隠さないでください。

変化を起こす、エスカレーターを降りるといった考えを不可能と感じる人もいます。

福岡に住む鈴木ヨウスケは、ある日夫婦で私の経営するギャラリーに立ち寄りました。表向きはアートを鑑賞しに来たのですが、キャリアについて相談したがっているのはすぐにわかりました。

地方銀行に勤めるヨウスケは、銀行の仕事がいかにつまらないかを語りました。法人事業部に所属し、毎日同じこと――融資書類の処理と倒産しかけた会社との面談――の繰り返しでうんざりしていること。銀行の同僚も好きではないこと。彼も地元福岡の出身だが、大阪の大学に行ったせいか、自分の世界観が同僚とはかなり違うと感じていること、などです。

そして、聞き覚えのある台詞をヨウスケは口にしました。

「銀行は辞められません。妻も、生まれたばかりの子どももいて、住宅ローンも抱えていますし、私の家族もみんな福岡に住んでいます。ですから、ほかの仕事はできません」

私は本書に登場した人たちを含め、何百人もの人たちに尋ねたのと同じ質問をたくさんしてみました。しかし、彼には今の状況しか見えていませんでした。別の選択肢は目に入らなかったのです。

私はヨウスケを説き伏せたり問い詰めたりはしませんでした。私もかつて同じ状況だったので、彼の気持ちは痛いほどわかったのです。カリフォルニアでかなり不幸な状況に置かれていながら、仕事を変えることはできないと私も思っていました。私の可能性について人が何を言おうが、別の選択肢をいっさい考えようとはしませんでした。ほかにできることはないと思い込んでいたのです。

最終的に決めるのはヨウスケ自身です。数多くの変化を起こしてきた今の私には、ヨウスケや彼のような人たちにたくさんの選択肢があることはわかっています。でも無理強いはできません。

本書を読み終えようとしているあなたも同じです。すべてはあなた次第なのです。

充実した働き方を手に入れるために、あなたが必要な変化を起こせるよう、心から願っています。

もし新しいことに挑戦するあなたの決断が周囲の人たちに理解されないときは、説明する機会を持ってください。そして、この壁を——自分自身や周囲の人たちについて——知るチャンスとして生かしてください。

でも最終的には、自分の決断に自分が納得できればいいのです。これは自分勝手とは違います。自分を大事にするということです。

計画や決断について人に相談し、アドバイスを求めてもかまいませんが、最終的にあなたのキャリアに責任を負っているのはあなた自身です。

前述の大槻洋三は、自分自身のキャリアパスと変化について次のように語りました。

「これまでの人生で僕が下してきた決断は、一貫性がなく行き当たりばったりに見えるかもしれません。でもそのなかで学んだのは、情熱さえあればなるようになるということです。僕は大学卒業後やるべきことがわからなかった。だから金融の道に進まざるを得ませんでした」

「今は起業家としての人生を歩んでいます。だからこれまで思いもよらなかった形で学ばざるを得ないんです。どんな障害も、考え方次第でチャンスに変わります。自分の決断が正しいのか不安になることもあるでしょう。でも、それでいいんです」

洋三のいた投資銀行で今も働き続ける友人の中には、やるべきことがわからないまま入社したものの、今では金融の仕事に情熱を見いだし、活躍を続け、心からその仕事を愛している人たちもいます。世の中は多様な機会にあふれ、「仕事」の定義のあり方もさまざまなのです。

洋三は言葉を続けました。

「やりたいことはあるけど、やり方がわからない？　それなら、インターネットや自分の人脈を使ってやり方を調べればいいんです。人脈がない？　そんなときは、もう少し目を凝らして、自分から近づこうとする勇気があれば、考えに賛同し、喜んで手を貸してくれる、同じ道のりを共有できる人が必ず見つかります。僕は経験からそのことを学びました」

「手段はあります。あとはその都度学んでいくだけです。勇気を持ち、自分のやりたいことを追求し、懸命に学び、間違いを認めてそこから成長し、すべてをチャンスととらえてください」

その通りです。そのためには自信が必要です。決断しなければなりません。勇気がいります。それが、自分のキャリアに責任を負うということです。

最後に、仕事について一番重要な疑問をあなた自身に問いかけてください。

「これはあなたの望む人生ですか？」

# 10年後、後悔しないための自分の道の選び方

発行日　2016年11月20日　第1刷

Author　ボブ・トビン
Translator　矢島麻里子（翻訳協力：株式会社トランネット）
Book Designer　長坂勇司（NAGASAKA DESIGN）

Publication　株式会社ディスカヴァー・トゥエンティワン
〒102-0093　東京都千代田区平河町2-16-1 平河町森タワー 11F
TEL　03-3237-8321（代表）
FAX　03-3237-8323
http://www.d21.co.jp

Publisher　干場弓子
Editor　石橋和佳

Marketing Group
*Staff*　小田孝文／井筒浩／千葉潤子／飯田智樹／佐藤昌幸／谷口奈緒美／西川なつか／古矢薫／原大士／蛯原昇／安永智洋／鍋田匠伴／榊原僚／佐竹祐哉／廣内悠理／梅本翔太／奥田千晶／田中姫菜／橋本莉奈／川島理／渡辺基志／庄司知世／谷中卓
*Assistant Staff*　俵敬子／町田加奈子／丸山香織／小林里美／井澤徳子／藤井多穂子／藤井かおり／葛目美枝子／伊藤香／常徳すみ／鈴木洋子／片桐麻季／板野千広／山浦和／住田智佳子／竹内暁子／内山典子

Productive Group
*Staff*　藤田浩芳／千葉正幸／原典宏／林秀樹／三谷祐一／大山聡子／大竹朝子／堀部直人／井上慎平／林拓馬／塔下太朗／松石悠／木下智尋

E-Business Group
*Staff*　松原史与志／中澤泰宏／中村郁子／伊東佑真／牧野類／伊藤光太郎

Global & Public Relations Group
*Staff*　郭迪／田中亜紀／杉田彰子／倉田華／鄧佩妍／李瑋玲／イエン・サムハマ

Operations & Accounting Group
*Staff*　山中麻吏／吉澤道子／小関勝則／池田望／福永友紀

Proofreader & DTP　朝日メディアインターナショナル株式会社
Printing　日経印刷株式会社

---



ISBN978-4-7993-2002-0